KiWi 132

Julie Burchill

Über Prince / Pop / Elvis ...

Aus dem Englischen von Clara Drechsler
und Harald Hellmann

Julie Burchill

Über Prince / Pop / Elvis / Kommunismus / Madonna / Hausfrauen / Annie Lennox / Feminismus / Michael Jackson / USA / Sade / Die Pille / Lennon / Fußball / Heuschrecken / Dallas und Denver / Bonnie und Clyde / Live Aid / u. a.

Herausgegeben von SPEX

Kiepenheuer & Witsch

Idols on Parade, How I Learned to Stop Worrying and Loathe the Proletariat, Better Cred than Dead, Last Days of the Locust, Revolutions Per Minute, A Christmas Wish: the End of America erschienen in: *love it or shove it, Virgin-Books, London 1985*.
Damaged Gods, Only a Game, The Method Rhythm erschienen in: *Damaged Gods, Century/Hutchinson, London 1986*
Die folgenden Texte erschienen bisher lediglich in Zeitungen und Zeitschriften: John Lennon (Time out), Born Again Cows (Observer), Apocalypse Now ... (The Face), Annie Lennox (Time out), Depressed Minorities (Observer)
Aus dem Englischen von Clara Drechsler und Harald Hellmann

Einband Hannes Jähn, Köln
Gesamtherstellung Clausen & Bosse, Leck
ISBN 3 462 01835 3

Inhalt

Annie Lennox

Eine der nettesten Sachen an 1985 war der Aufstieg Madonnas und ihrer Cartoon-Kapriolen und der Niedergang der Eurythmics samt ihrer neurotischen Krakeleien. Ich weiß nicht, ob man sich erinnert, aber sowohl 1983 wie 1984 (Jahr und Soundtrack) waren Eurythmics*verseucht*. Es gab keinen, der sie nicht liebte. Wäre Leavis auferstanden, sein erster Essay hätte »ANNIE LENNOX-GOD OR DEMITASSE« geheißen. Wann immer ich einen Senkrechtstarter sah, war mein simpler Wunsch: »Bitte, laß die Eurythmics bei einem Flugzeugabsturz schmerzlos sterben.« Dennoch, alles Elend hat einmal ein Ende, und der Kahn der Eurythmics scheint endgültig und gründlich versenkt. Von den Dire Straits als großer Konsenssound des letzten Jahres abgelöst, gerät alles, was sie anfassen, zu bloßem Wassertreten. Die Eurythmics waren die 60er Version der 80er, präsentiert von streng den 70ern verpflichteten Typen. Er hätte sich geradesogut HIPPIE auf die Stirn tätowieren können, sie dagegen war eine bunte Palette flatterhafter Fimmel: z. B. ihr Interesse an von östlichem Scheißdreck strotzenden Religionen und ihre Ehe mit einem Sektenfrüchtchen (sehr süß, sehr kurz, sehr Siebziger), Steuerexil in Frankreich und unberechenbarer, sprunghafter Feminismus (der in einer Minute insistierte, daß *sisters are doing it to themselves*, um in der nächsten in Tränen auszubrechen – Margaret O'Brien an Regisseur: »Soll ich aus dem linken, dem rechten oder aus beiden Augen weinen?« – und aller Welt zu erzählen, wieviel ihr Ihr Mann bedeutet hat). Von allen zurechtfrisierten Hippies – Police, Thompson Twins – die in die Bresche schlüpften, die Punk geschlagen hatte, waren sie die schlimmsten. Der Powerpop-Abklatsch 1979, das Spiel mit Geschlechterrollen und Synthesizern 1983, die prominenten Freunde im »Who's That Girl«-Video »1984«, der Tu-den-Neger-in-den-Tank-Mißbrauch von Aretha Franklin und Stevie Wonder (Annie und Dave sind Mr. und Mrs. Beige; jeder schwarze Künstler, auf den sie ihre verschwitzten Pfoten legen, wird so sicher zu einem Funky Fondue blanchiert, verweichlicht und verrührt, als hätte er sich in dem Teint-Killer gesuhlt, der in Dalstoner Drogerien frei verkäuflich ist) – angesichts einer solchen Einkaufsliste unverschämten Opportunismus' fragt es sich, warum ihnen immer noch so großzügig Kredit auf eine Integrität gewährt wird, von der sie offensichtlich weniger als nichts haben.

Ein Grund ist die Stimme, von der man stets in krypto-religiöser Ehrfurcht spricht. Von ihrer »Reinheit« und »Klarheit« ist die Rede, aber, im Ernst, wer verlangt Reinheit und Klarheit von einem so unverschämt dreisten und schönen Monster wie Popmusik? Auf Klarheit und Reinheit achtet man beim Kauf von Olivenöl. Jemand, der beim Tod von Sandy Denny weinte – *das* ist die Sorte Leute, die Annie Lennox' Stimme schätzen.

Die beiden großen Schulen der Chanteuserie sind: rein und schmutzig. Schmutzig sind Veronica Bennett, Deborah Harry, Madonna. Rein sind Judy Collins, Joni Mitchell, Joan Baez, Annie Lennox. Diese reinen Stimmen liebt der Schlappschwanz aus dem einfachen Grund so sehr, daß sie so unbedrohlich sind – die Stimmen des weiblichen Eunuchs. Die Klimmzüge, die unternommen werden, um Miss Lennox als Fackelträger des modernen Feminismus herauszustellen, sind vielleicht das insgesamt Trübseligste, bedenkt man ihre Unselbständigkeit und gerne zur Schau gestellten Wankelmut. Sie legt sich über Kreuz, um die Jungs nicht vor den Kopf zu stoßen: »Ich liebe Männer, ich bin verrückt nach ihnen«, sagt sie in einem *Face*-Interview von 1983 um hinzuzufügen: »Ich bin nicht schwul.« Was fehlt noch? – »Ich möchte reisen, interessante Leute kennenlernen und mich für *Mr. Right* aufsparen?« Lennox ist die Anti-Madonna, geschmackssicher, wo Miss M. ausgekocht ist, nervös, wo sie sich bestätigt sieht, schutzbedürftig, wo Madonna tough ist. Das ist der Unterschied zwischen Mary Pickford und Theda Bara, zwischen Waschlappen und Vamp.

Und wo Madonna eine Menge von dem verkörpert, was gut an Pop ist – auf Ehre und Gewissen, Blut, Schweiß und Lipgloss – steht Lennox für eine Menge Mieses, besonders die schmierige Überheblichkeit, die dem öffentlichen Zurschaustellen psychischer Wunden – »MEINE sind anders« – innewohnt; und das in einem Ausmaß, wie es seit den Tagen der Grein- und Neurosen – Singer-Songwriter der Frühsiebziger nicht mehr zu sehen war. Madonna gibt sich unkompliziert als mit kräftigen Pinselstrichen hingeworfener Comiccharakter – *gambler, material girl* – mit einfachen Ansprüchen: *a holiday, an angel, to dress you up.* Ihr ganzes Ego ist funkelndes Furnier. Bei Annie Lennox ist das ganze gepflegte Angebot massiv wie eine Zuckerstange. Einem wirklich interessanten Menschen macht es nichts aus, für eine Comicfigur gehalten zu werden; eine beschissene Langweilerin dagegen wird 19 Nervenzusammenbrüche haben, um aller Welt zu beweisen, wie einmalig kompliziert und komplex wir mal wieder sind. Wie Peter York in einem Gespräch über die amerikanischen Präsidenten in *The Hudson* ganz richtig anmerkte, ist es weit weniger »Me Generation«, sehr selbstsicher aufzutreten – Reagan / Madonna –, als als *schwacher Mensch* mit einer ganzen Megilla von *Selbstzweifeln* und *Krisen* – Carter / Lennox. Miss Lennox, das typisch selbstverliebte Einzelkind, wandte sich von klassischer Musik ab,

»weil dort kein Platz für persönlichen Ausdruck war« (erzähl das Yitzhak Perlmann); einen Song erkärte sie: »Ich hatte einmal einen Freund, der starb. Ich versuchte, über die kleinen Dinge nachzudenken, die charakteristisch für ihn gewesen waren, und am Schluß kam etwas über mich heraus.« Man darf wohl annehmen, daß am Schluß auch etwas über sie herauskäme, wenn man Miss Lennox aufträgt, eine Karte von Kurdistan abzuzeichnen. Sie ist halt der Typ dafür. Wo Jean Brodie auf Yoko Ono trifft, da hat man Annie Lennox, unermüdliche Botschafterin jener Vergangenheit, jener Fremde, der Annie-Hall-Stadtneurotiker-Jahre. Me Gen, aufgepaßt.
(Sie sind »Dave« und »Annie«, nicht David und Anne, man beachte die Instant-Intimität, die Nescafé-Lauterkeit – sehr mauschlig-kuschlig, rührig-fühlig, *sehr Annie Hall.*)
Seltsamerweise macht sie gerade die Scheußlichkeit ihrer Ästhetik so vielen Leuten lieb und wert, der Art von Leuten, die *nicht der Meinung sind*, daß man Diane Keaton für ihre verabscheuungswürdigen Verbrechen wider Zivilisation und Zelluloid an einem Fleischerhaken aufhängen und mit Elektroschock-Viehpeitschen bearbeiten soll. Wie Sting, Dire Straits und Phil Collins sind sie dazu da, die *grey-haired blue-jeaned boys* Schmonzes plärrend in Schlaf zu wiegen. Sie sind der Konsenssound, den es braucht, um den unheimlichen/sexy Sound frecher Rotzlöffel und schreiender Mädchen wegzuputzen. Das einzige, was Punk und Teenthrob gemein hatten, war, daß sie drohten, El Pop wieder zum Eigentum der Jungen zu machen, zu einer sicheren Pop-Spielwiese für Unterzwanzigjährige. Der Konsenssound ändert all das, schafft, wie einer aus jenen schäbigen Reihen betonte, Musik für Penthouse *und* Pavement, für Spielplatz *und* Swimmingpool. Worauf es ankommt, ist Allgemeinverständlichkeit, worauf es anscheinend nicht ankommt – obwohl das das einzige Kriterium bei Popmusik sein sollte –, ist, daß diese Art

Musik ebensowenig Sex und Soul hat wie Hirn und Klassenbewußtsein. Man muß sich die Konsensussoundster nur ansehen, nicht einer hat Saft – Sting vielleicht ausgenommen, wenn man Männer mag, die aussehen wie Malcolm McDowell nach einem Autounfall. Sie sehen alle wie Sozialarbeiter aus. Natürlich ist es kein Beinbruch, wenn unsere Popstars wie Sozialarbeiter aussehen – wenn man davon ausgeht, daß der Big Beat mit Clifford T. Ward, nicht mit Elvis Presley, angefangen hat. Ich für meinen Teil glaube, daß es bei Pop um EEK! und POW! und WHAM! und all die anderen vulgären Popkunstlaute geht. Aber ich würde ja auch nicht die Socialist Workers Party wählen – wie darf ich mir da anmaßen, den ersten Stein auf modernen Konsenssound zu werfen?

John Lennon

Am Anfang wollte John Lennon so sein wie Elvis, und am Ende glaubte er, er sei Jesus. Die Welt ist voll von solchen Leuten – aber dank unserem aufgeklärten Verhältnis zu Geisteskrankheiten erhalten die meisten von ihnen irgendeine Art von Fürsorge. Lennon hatte nicht soviel Glück; er bekam den OBE (Order of the British Empire; d. Ü.), wo ihm doch eigentlich ECT (electro-convulsive therapy; d. Ü.) gefehlt hätte.
Aber immer noch kommen die Huldigungen. Ihr hattet Lennon – Das Buch, Lennon – Das Bühnenstück, Lennon – Die Wahrheit. Letzteres muß warten, bis der begnadete Albert seine umfassenden Recherchen veröffentlicht; in der Zwischenzeit ein wenig Wasser auf die Mühlen.
Über John Lennon haben hauptsächlich beschränkte Mittelschichtjungs geschrieben, für die a) die Zugehörigkeit zur Arbeiterklasse und b) das Demolieren von Telefonzellen während der heißblütigen, unbekümmerten und besoffenen Jugendzeit schlüssig auf ein dunkles Genie im Stil von D. H. Lawrence hinweisen. Ähnlich wie bei Elvis waren wenige der Lobeshymnen mehr als auf schlau getrimmte, homoerotische Heldenverehrung – wie der ölige, höhnische Elvis war der böse Leder-John eine männliche Wunschfigur, so wie David Niven eine für die Frauen. Nicht das dies schlecht ist – aber Befangenheiten sollten eingestanden werden und Hinterlassenschaften nicht in den Himmel gelobt werden,

wenn der Hintern der Kern der Sache ist. Ich habe vergessen, wer gesagt hat, daß ein steifer Schwanz kein Gewissen hat, aber besondere Weitsicht hat er bestimmt auch nicht. Unbehindert durch einen phallischen Prügelknaben werde ich in groben Zügen die seltener gehörten Argumente *gegen* John Lennon, Schutzheiliger dieser Gemeinde, der amerikanisch sprechenden Welt, skizzieren ...

- Umgang mit erster Frau. Nach einem Jahrzehnt des Ehebruchs in fünf Kontinenten war Lennon, laut seiner Tante Mimi, ›gedemütigt‹, weil seine Cynthia mit jemand anderem als dem Meister geschlafen hatte, und machte sich tatsächlich daran, sich wegen dieses einmaligen Fehltritts von ihr scheiden zu lassen! Kein kleingeistiger Angestellter aus einem Pendlerzug hat sich jemals schäbiger und heuchlerischer verhalten.
- Der Maharishi, das »Two Virgins« Plattencover, erschreckend talentfreie Bücher, der Urschrei, »We're bigger than Christ« und allgemeine Selbstzufriedenheit. Der Wechsel vom Taugenichts zum Erlöser war, als würde man einen dieser gräßlichen Popstar-als-Jesus-Filme wie »Privilege« oder »Stardust« sehen; zuerst kamen Heiligenmähne und -bart, dann die Stimmen, Visionen und Wahnvorstellungen – »The way things are going, they're gonna crucify me«, sang er. Der *Son of Gard,* wie John Wayne zu sagen pflegte, ist von den Juden kaum deswegen umgebracht worden, weil er ein paar lausige Platten gemacht hat, aber Lennon war immer einer, der aus einem Drama eine Platte macht.
- Seine Stücke, besonders »Revolution« und »Imagine«, wahrscheinlich die beiden schlechtesten Popsongs, die jemals geschrieben wurden. In »Imagine« ist er eine zugekokste Patience Strong, den pompösen, unglaublich unoriginellen Text summend wie ein tödlich langweiliger Schuldirektor, der gerade aus dem *Fabian Society* – Ferienkurs zurückgekommen ist; in »Revolution« ist er jeder Zoll der Weybridge *Noov-*

der seine Nerven an den im Fernsehen gezeigten Unruhen kitzelt, aber nichtsdestotrotz panische Angst davor hat – »You can count me out!« –, daß die Barbaren seinen Bungalow stürmen und den Sparstrumpf unter der Matratze stehlen werden. Nota bene: in der Zeit, als »Revolution« geschrieben wurde, verhandelten die Beatles mit der unsäglichen griechischen Junta über den Kauf einer Insel, um dem einengenden England zu entfliehen. Am Schluß lag es dann nicht an ihren Gewissensbissen, sondern an ihren Frauen, die ihre Zelte nicht abbrechen wollten.

- In Weybridge zu leben. Das spricht für sich selbst.
- Anstellung von Allen Klein. Schlüssiger Beweis, daß John »Imagine No Possessions«-Lennon genauso habgierig war wie der Rest der Bande, und daß die einzige Sorte von £*Sd,* die er mehr schätzte als die, die man auf einem Zuckerwürfel einnehmen kann, die war, die man ausgeben kann.
- Yoko Ono. Sie war häßlicher als Ringo und sang wie ein Hamster unter der Folter. Neben Altamont war der Anblick der nackten Ono-Lennons auf dem Cover ihres gemeinsamen Albums das grausigste Schauspiel der 60er. Es hätte noch Hoffnung bestanden, wäre Lennon doch bei seinem vernünftigen, englischen Mädchen geblieben – aber die Wirkung der Heirat mit einer japanischen Surrealistin war zuviel für den armen Bastard; er ging unter die Wilden.

Yoko Ono und »Die Brücke am Kwai« taten zusammen ziemlich viel für Japans Ansehen bei den ordentlichen Leuten – das sind jene, die zu philisterhaft sind zu erkennen, daß die japanische Seele eine stolze, reine, lodernde Flamme ist, die nur durch beständiges Quälen feindlicher, fremder Untermenschen und durch Blumenstecken ihre Bestimmung erfüllen kann. Nicht nur ihre gemeinsamen künstlerischen Bemühungen waren Mist, auch ihre Ehe war nicht die große Liebesgeschichte, zu der sie die Märtyrerverehrung machte. Lennon schlief weiterhin mit jedem schlitzäugigen Ding, das ihm über den Weg lief – wie wär's mit fetischistischem Sexkolonialismus, Schwestern? –, und sagte einmal zu seiner Frau: »He, ich weiß, warum ich Dich mag – Du bist wie ein Kerl in Frauenkleidern.« Ah – die süßen Worte der Liebe, die jedes Mädchen hören möchte.

Die aufpolierte Legende sagt, die anderen Beatles und ihr ignorantes Publikum hätten Miss Ono verabscheut, weil sie eine so starke Frau gewesen sei, und daß dieser Chauvinismus die Beatles auseinandergebracht habe. Aber keineswegs; Ono war eine resolute Geisha, die Lennon selbst aufs Klo folgte und ihm erzählte, er sei zu gut dafür, nur einer aus einer Band zu sein, und sei es selbst die größte Band der Welt. Die Beatles sind nicht von einer starken Frau auseinandergebracht worden, sondern von einer professionell unterwürfigen – und das ist viel tödlicher.

Und zu dem Gewäsch, Ono-Haß sei ›rassistisch‹ – als Buddy Holly seine Mexikanerin oder Robert De Niro seine Schwarze heiratete, wurden da diese Frauen internationale Haßobjekte? Keineswegs; tatsächlich wurde Ono wegen ihres ungewöhnlich hohen Schwachsinnsquotienten gehaßt, auf den besonders die Briten höchst empfindlich und höchst allergisch reagieren. Wie dem auch sei, der Mann, der einen sich windenden Brian Epstein vor einem Saal kichernder Fremder einen »schwulen Juden« nennt, hat wenig Recht, sich zu beklagen, wenn die bei Apple herumhängenden Fans seine sittsame Braut »Gelbe« oder »Schlitze« nannten. Sie handelten sicherlich im guten, unverschämten Lennonstil. Oh, ich vergaß – bei Genies ist das was anderes.

- Politische Ansichten. Nachdem er sich jahrelang mit Migräne und seiner dicken Brieftasche herausgeredet hatte – siehe »Revolution« –, verbrachte John Lennon den ersten Teil der Post-Beatles 70er damit, seine früheren unpolitischen Sachen mit allem möglichen Mist, den er zusammenkriegen konnte, zu verdecken. Aber man hat bei den Ono-Lennons immer das Gefühl, daß politische Angelegenheiten – selbst so tödliche, selbst so todernste wie die IRA – nur dem Zweck dienten, sich selbst besser herauszustreichen und ihre endlosen Selbstanalysen und Selbstbeweihräucherungen weniger offensichtlich werden zu lassen. Eine schicke Baskenmütze oder ein schniekes Armband bleibt auf der selben Ebene wie Lederjacken, Cardin-Colliers oder Glasperlenketten, und das Gefühl, das Lennon in einen politischen Song legt, hat nicht ein Millionstel von der Leidenschaft, die er in einem Stück über Selbsterforschung brachte. Im Grunde genommen waren seine politischen Einstellungen ausschließlich aus der Wischi-Waschi-Schule; etwas, das ihm einen besseren Geruch und das Gefühl, im Mittelpunkt des Welttheaters zu stehen, gab.

• Tod des Pop. In erster Linie darf man den Beatles anlasten, daß Popmusik in der zweiten Hälfte der 60er zu einem so aufgedunsenen, aufgeblähten Duckmäuser-Monster wurde. Nik Cohn sagte es besser, aber mit »Sergeant Pepper« trugen sie Pop als Kunst in die Wochenendbeilagen, wo er doch als Trash in den Hollywood-Teenmagazinen hätte bleiben müssen, um seine Dynamik zu bewahren. (Popsongs waren eh niemals dafür gedacht, Titel wie »For The Benefit Of Mr. Kite« zu tragen – sie sollten Titel haben wie »Rip It Up«.) Wenn jeder Mensch tötet, was er liebt, dann töteten die Beatles – angeführt von arty John Lennon – Popmusik als Jugendmusik, wie sie es war, als sie noch von Little Richard inspiriert wurde. Von den »hübschen« Anfängen bis in die »schulmeisterliche« Vollendung machten sie aus Pop ein Ferienlager, mit Sachen für die Kleinen – schon gut in der »Schulmeister«-Phase brachten sie noch Sachen für die Pimpfe, wie »Octopuses' Garden«, Bastelbögen-Schnurrbärte und Cartoonfilme –, die Erwachsenen sprachen sie immer an; während der »hübschen« Phase, als ihre Flegeleien ein ebenso fester Bestandteil des Weihnachtsfernsehpro-

gramms wurden wie die Rede der Queen, und während der »Schulmeister«-Phase, als ihre Texte von verstaubten Polytechnikumsprofessoren analysiert wurden. Nach dem Sündenfall begannen John und Paul, deren Schuld das alles war, wie die Verrückten Rock-'n'-Roll-Standards aufzunehmen. Aber der Schaden war angerichtet, und Pop konnte sich seinen Altersspeck nicht mehr abstrampeln. *AD* und *AOR*.
Mutter weiß selten etwas besser. Aber eine Sache, über die die Eltern am besten Bescheid wußten, waren die Beatles. Ja, sie waren mit kurzem Haar und in Anzügen besser; sie waren auf Pillen besser als auf Dope; »There's A Place« schlägt »Imagine« um Längen. Die Leute, die die späteren Beatles-Exzesse mißbilligten, sehen heute nicht wie Miesepeter aus, sondern wie fröhliche, vernünftige Typen, die den großen, protzigen Babies ein wenig Perspektive zu geben versuchen. »O weh«, sagte Sir Joe Lockwood, Chairman von EMI, beim Anblick des »Two Virgins« Cover, »hätten sie nicht Paul nehmen können? Er ist doch viel hübscher.« Genau.
Es gibt nur wenige noch ekligere Bilder von glatten Showbizpärchen als jene von den Lennons in ihren letzten Jahren – beide geleckt und strahlend vor Vitaminen und Millionen. Vergeistigt in den 60ern, vergammelt in den 70ern, vermögend in den 80ern – Herr und Frau Sauber-Reich, die ihre bedachtsame Heroinabhängigkeit eine »Zelebration unserer selbst als Künstler« nannten, deren Cash und Credit immer für sie da war und ihnen ermöglichte, runterzukommen, zurückzukommen und tüchtig abzusahnen, wie es weniger abgeschirmten Adepten nicht möglich war. Zur Zeit von Lennons Tod besaßen sie ein separates Appartement im halsabschneiderischen Dakota Building nur für Pelzmäntel, nicht einen ganzen Wandschrank oder einen ganzen Raum, sondern ein ganzes Appartement. Imagine, no possessions!
Es war dann ein Fan, der ihn tötete; ein Mann, verwirrt durch die irrsinnigen An-und Widersprüche des 60er Pop, der nicht

die Mittel hatte, zurück zu klarem Kopf und sicherem Auskommen zu gelangen. Sein Akt des Tyrannenmordes war in gewisser Weise eine Zelebration seiner selbst als Fan – tatsächlich durchzubrechen und sich dem Idol vorzustellen, das sein Ersatzleben so viele Jahre lang bestimmt hatte (Chapman hatte sogar ein japanisches Mädchen geheiratet). Träumt nicht jeder Fan davon? Mark Chapman ließ es Wirklichkeit werden.

Die Beatles waren eine alternative Royal Family geworden und John und Yoko die unumschränkten alternativen Monarchen, die ein riesiges Imperium aus Geschäft, Sentimentalität, Aberglaube und Gier so traumwandlerisch sicher und unlogisch beherrschten wie die Windsors. Alternative Proleten entschuldigten ihr schlechtes Benehmen genauso, wie Monarchisten Entschuldigungen für ihre Bande vorbringen, nämlich damit, daß sie ›anders‹ seien, nicht der Kritik Normalsterblicher unterworfen. Es bedurfte Mark Chapmans, um die Welt daran zu erinnern, wie sterblich John Lennon war.

Wie ich lernte, mir nicht mehr den Kopf zu zerbrechen und das Proletariat zu verachten *(How I Learned to Stop Worrying and Loathe the Proletariat)*

Ich saß irgendwo im SW 1, St. James oder so, sehr still, mich mit mir selbst begnügend, auf einem Sofa, als ein Churchill sich neben mich setzte, sich als Emma Soames vorstellte und mich bat, etwas für das Literaturmagazin zu schreiben, dessen Geschick sie gerade in ihre Hand genommen hatte. »Oh, biiitte, Julie«, sagte sie begeistert, »du würdest es soo gut machen!«

BITTE! Sie mußte nicht BITTE! sagen. Einen Moment lang war ich versucht, sie zu bitten, mir noch mehr abzuverlangen. Laß mich ein Buch von Angela Carter besprechen! Hetz mich einsam und allein auf den Strand der Normandie, um den gräßlichen Scharen der Günter-Grass-, Alberto-Moravia- und Yukio-Mishima-Fans mit keiner anderen Deckung als einer Ausgabe von »Stolz und Vorurteil« entgegenzutreten! WAS DU WILLST, EMMA! DENN ICH BIN EINE BRITIN, UND DU BIST EIN CHURCHILL, UND MEINE EINZIGE AUFGABE IST ES, DEINEM GLORREICHEN GENIE ZU DIENEN!

Also zuckte ich mit den Schultern und sagte: »O. K.«

Für mich war es eine interessante Begegnung, für Emma Soames wahrscheinlich weniger, denn vermutlich sieht für sie ein schicksalsergebener Schreiberling aus wie der andere. Mit der englischen Gesellschaft ist es bestimmt weit gekommen, Baby, wenn ein echter Churchill sich aufs Sofa neben die Tochter zweier Fabrikarbeiter setzen kann, die die Schule mit 15 hingeschmissen hat und vondannen stolziert war, um in

Swinging London Parfüm zu verkaufen, und sie fragt, unglaublich nett und begeistert, ob sie ihr – biiitte! – einen Gefallen tun könne. Heute darf nicht nur ein Kätzchen die Augen zum König erheben, eine Göre kann auch einen Churchill anschauen und ganz beiläufig »O. K.« sagen, und erntet herzlichen Dank.

Andererseits wußte ich, daß die Mädchen, mit denen ich zur Schule gegangen bin, niemals glauben würden, daß weit weg (hinter den 7 Bergen) in London, in Literatenkreisen, in SW 1, Churchills und ehemalige Ladenmädchen beiläufige Unterhaltungen pflegen können. Als Teenager, mit noch feuchter Tinte hinter den Ohren, wäre ich zurück in meine Heimatstadt gegangen, hätte meine Freundinnen getroffen, und sie hätten mich gefragt, was ich so treibe. Nicht angeberisch, bloß beeindruckt und aufgeregt, würde ich ihnen erzählen, irgendein Abgeordneter hätte mich schriftlich ins Parlament gebeten, irgendein Cousin der Queen hätte mich angerufen und mich zum Dinner eingeladen. Und sie würden mich halb belustigt, halb verächtlich ansehen, so als ließe man einem Irren seinen Willen, so als hätte ich behauptet, mir wären Flügel gewachsen. Und sie würden sagen, sie würden immer sagen: »Hör auf. Hör auf herumzualbern. Im Ernst. Was hast du gemacht?«

Ich kenne die Arbeiterklasse, die neue Arbeiterklasse, und ich kenne ihren Fatalismus und ihren Zwergenverstand. Ich weiß, sie glaubt, die Dinge waren niemals anders, als sie es heute sind, und ich weiß, daß sie glaubt, sie können niemals anders sein. Ich weiß, daß man in diesem Land leben und sterben kann, ohne jemals einem Menschen aus einer anderen sozialen Klasse zu begegnen, außer in einem rein geschäftlichen Zusammenhang – dem Callgirl, dem Fischhändler, dem Arzt. Ich weiß, dies ist das einzige Land in Europa oder der englischsprechenden Welt, in dem Akzent mehr von der Klasse bestimmt ist als von der Region – alle sind gleich, bis sie den

Mund aufmachen. Nur in England nötigt Akzent mehr Respekt ab als Geld oder Bildung. Ich weiß, daß klassenübergreifende Liebesgeschichten so selten sind und so mißbilligt werden wie gemischtrassige; sie sind dazu bestimmt, in Tränen zu enden, von der Abdankung bis zu Marianne Faithful. Ich weiß, daß ich, bis ich ab 15 in London lebte, niemanden getroffen habe, der nicht aus der Arbeiterklasse stammte, abgesehen von Ärzten und Lehrern. Ich weiß, daß Bäuerinnen in El Salvador ihren Töchtern als Baby mit einer Rasierklinge das Zeichen des Kreuzes in die Klitoris ritzen, »damit sie bessere Arbeitskräfte werden und nicht auf dumme Gedanken kommen«, und ich weiß zwar, daß dies nicht die gängige Praxis in England ist, aber ich weiß genausogut, daß Leute aus der Arbeiterschicht ihre Kinder ohne Hoffnung, mit gräßlich begrenztem Horizont und einem eklatanten Mangel an Zuversicht großziehen. Ich weiß, daß ich jahrelang dachte, die Arbeiterklasse sei anderen Klassen von Natur aus überlegen, und nun weiß ich, daß sie es nicht ist, und das schmerzt, das schmerzt teuflisch. Die Arbeiterklasse war meine Religion, und ich weiß, ich habe meinen Glauben verloren.

Ich glaube, es gab da mal eine Wunderdroge, von der man sagte, sie würde die lähmende Klassentrennung, an der dieses Land schon immer gelitten hat, heilen; man nannte sie die Sechziger und setzte große Hoffnungen in sie. Klassenmobilität, Leistungsgesellschaft und solche Sachen. Aber die Sechziger waren das Jahrzehnt, das die Arbeiterklasse zerschlug, sie verblendete und zum Darwinismus bekehrte. In den Sechzigern hörte der Klassenkampf angeblich auf, aber in Wirklichkeit wurde jetzt erst richtig Ernst gemacht, und die Drecksarbeit ging weiter. In den Sechzigern wurden die Engländer wie neugeborene Babys, ein Volk mit kollektivem Gedächtnisschwund, und während das nett und schön klingen mag, war es das Verderben des Proletariats. Nur Bewußtsein seiner Vergangenheit, der Stärke, die es gezeigt hat, und seiner errungenen Siege sicherte seine Zukunft; und sie gaben dies auf, ihre politische Macht für ihre Kaufkraft, ihre Rolle als Prolet für ihre Rolle als Verbraucher. Der Eifer, mit dem sie zur Tory-Herrschaft zurückkehrten, nachdem sie Labour nur sechs Jahre zum Aufbau einer neuen Nation, eines Jerusalem an der Themse, eingeräumt hatten, war erbärmlich genug; aber Eden, Churchill und Macmillian zu wählen waren noch Akte hoher politischer Reife im Vergleich zu ihrer – viermaligen – Wahl Harold Wilsons. Dieser Mann Wilson machte mit Labour das, was Jack Kennedy mit den amerikanischen Demokraten machte: Er machte sie zur Armen-Leute-Tory/Republikaner-Partei; billiges Charisma als Ersatz für Zähigkeit und Ausdauer. Harold Wilson stellte es so dar, als gäbe es keine Alternative; entweder man ist ein reicher oder man ist ein armer Tory, und ist man ein armer Tory, wählt man Labour. Er wedelte mit Farbfernsehern vor den Augen der Wähler herum, wie Kolonialherren mit Glasperlen vor Eingeborenen, und der Weiße-Mann-Zauber des bunten Glas wirkte ein weiteres Mal. Die Sechziger waren ein faules und gieriges Jahrzehnt, in dem die Arbeiterklasse völlig die Chance, die ihnen das Nachkriegswirrwarr gegeben hatte, nämlich ihre Ansprüche an die Gesellschaft neu anzumelden, verpatzte. Die weiße Flagge, die sie schwenkte, war – um ihr nicht unrecht zu tun – immerhin eine strahlend saubere, dank der neuen Waschmaschinen, und es schien nichts auszumachen, daß ein Triumph nur in Gestalt eines Motorrades zu erringen war.

Die englischen Sechziger waren anders als die amerikanischen Sechziger nicht Jahre des Idealismus, sondern des Zynismus, in denen die Ideale aus hundert Jahren gegen sofortige und effekthascherige Gratifikationen eingetauscht wurden. England entwickelte keine neuen Anliegen, um die alten zu ersetzen; die CND ging ein, englische Mädchen waren zu sehr damit beschäftigt, Tittenmäuschen zu sein, um Feministinnen zu werden – die amerikanischen Neger hatten die Freedom Riders, die englischen Neger hatten Christine Keeler. Und die Klassenumwälzung, von der die Leute sprachen, war ein Schwindel, typisch für ein Schwindler-Jahrzehnt. Die Arbeiterklasse in Gestalt ihrer sorgfältig selektierten Jugend – Twiggy, die Beatles (man beachte die knuddeligen, wortspielerischen Namen) – wurde wegen ihres netten, komischen Akzents gönnerhaft behandelt, kleine Trolle zum Ausschneiden und Sammeln, und ihnen wurde erklärt, die Welt stände ihnen offen. Natürlich passierte nichts anderes, als daß die Jungen aus der Arbeiterklasse weiterhin zum Sport und Entertainment strömten, wie sie es seit ewigen Zeiten getan hatten, um ihrem grausigen Schicksal zu entfliehen; und es ergab sich, daß das sensationslüsterne Auge der amerikanisch-sprechenden Medien auf London ruhte, um die Christine-Keeler-Story im selben Jahr zu verewigen, in dem die erste Beatles-Platte und das erste Photo von »The Shrimp« erschienen. Plötzlich schien es, als bestände England nur aus sexuell aktiven, schönen jungen Geschöpfen aus dem Gesindetrakt; das internationale Augenmerk ließ seinen Blick auf diesen neuesten Clowns am englischen Königshof verweilen und erklärte es zu einer klassenlosen Jugendrevolte. Aber sie waren nur Hofnarren, dekorative Auslagen, mit soviel Macht wie eine Schar von Ausstellungspuppen.

Leinen los, ICH bin an Bord! Die Sechziger waren das Jahrzehnt, in dem Reißleinen-Idealismus als britischer Charakterzug wiedergeboren wurde, als jemand mit glatter Zunge persönliche Raffgier als eine politische Theorie verkaufen konnte. Die Sechziger waren survivalistisch, ein Über-Bord-Schmeißen historischer Klassentreue; es war die Zeit, in der Margaret Thatcher, als Frau, als jemand aus dem Norden, als armes Mädchen von der Höhere-Töchter-Schule, das vor dem Krieg der perfekte Nährboden für aufrührerisches, sozialistisches

Gedankengut gewesen wäre, sich im Parlament einrichtete, bequem in ihrem Swinging London Wahlkreis saß und sich mit Familie häuslich im schicken Chelsea niederließ, gleich bei der King's Road. Das darwinistische, swingende London, Daddy-O. Mrs. Thatcher war ein Ungeheuer der Sechziger wie diese anderen die Treppe raufgefallenen Zerstörer Hyams, Kagan und Miller; es gab kein anderes Jahrzehnt, in dem sie ihre Anlage zur Selbstsucht und zum Ehrgeiz entfalten und doch noch als ehrenwert gelten konnte. Mit ihrer gesellschaftlichen Stellung und ihrem Geschiedenen in Chelsea, London, England war Margaret wahrhaftig ein Mädchen der Sixties. Julie Christie in »Darling«; streich die Schöne, setz das Biest ein, und die Geschichten sind dieselben. Der Emporkömmling erschien in der einzigen Dekade, in der er sein ganzes blutdurstiges Ich entfalten konnte.

Wer war Mrs. Thatchers Heroe? Wer war ihr Vorbild für ihren verblüffend verschrobenen, neuen Kodex des politischen Verhaltens? Sie hat es niemals zugegeben – nicht einmal vor sich selbst –, aber ich wette, es war Harold Wilson, der in den Jahren Chef der Opposition wurde, in denen Mrs. Thatcher erstmalig ein kleines Amt innehatte. Manchmal hat sie vielleicht im Sitzungssaal hinübergeschaut und ihn selbstgefällig, aber doch vielsagend an seiner Pfeife nuckeln sehen; ein Mann der Wissenschaft, ein materialistischer Mann, heiß begehrter Sixties-Mann. Harold Wilson sah noch mehr als Jean Shrimpton nach Sixties aus – die mit ihrer hochgezogenen, sanften Debütantinnenbraue und den riesigen, ängstlichen Augen mehr wie eine höhere Tochter aus den Dreißigern wirkte, die drauf und dran ist, mit ihrem Freund auszureißen und im spanischen Bürgerkrieg als Krankenschwester zu helfen, als wie der überkandidelte Zeitgeist, als den man sie hinstellte – unglaublich gefräßig und selbstzufrieden, ein Mann, der sich seinen Kopf nicht mit Tradition und Geschichtsbewußtsein belastete; der Mann am Steuer, sei es auch eines Vehikels, das in eine

Sackgasse rast. Er zeigte sich niemals besorgt, überdrüssig oder müde wie die Nachkriegs-Tory-Aristokraten, die oft aussahen, als wollten sie sich nur hinsetzen und gucken, wohin ihr Land steuert (wahrscheinlich weil sie so gut wußten, wo es gewesen war, wie tapfer und wie wertvoll es war; Eden und Macmillian waren beide Etonabsolventen, im Ersten Weltkrieg verwundet und reichlich dekoriert worden, waren wegen der Tolerierung der Invasion des faschistischen Italiens in Äthiopien durch die konservative Regierung zurückgetreten und fielen am Ende ihrer politischen Karriere in Ungnade, weil ihr Gefühl für Ehre und Fair Play mehr auf die Sportplätze ihrer alten Schule paßte, als in ihr neues England – Eden mischte sich in Suez ein, um sein Land und den neuen Judenstaat vor einem Mann zu schützen, der ihm in einer Benzedrin-Panik – nach Mr. Profumos dicken Lügen – als ein neuer, dunklerer Hitler erschienen war.) Wilson war genau der richtige für ein Land, das sich vormachen wollte, es habe keine Vergangenheit und keinen Ruf zu verlieren; sein dick aufgetragener Hovis-Akzent (jeder kann Premierminister werden), das ständige Technokratengeschwätz (ideal bei dem Mißtrauen der Engländer gegenüber Intellektuellen – ein Vorläufer der gegenwärtigen Tory-Methode des Jetzt-erst-recht-Gesundbetens), seine Förderung von Habenichtsen, sein Sozialvertrag (mottet euer glorreiches Rot und Gold ein, Bruder T. U. C.). Mr. Wilson versicherte seiner Wählerschaft, daß er nicht über die dritte Seite vom »Kapital« hinausgekommen ist. Er war der (wieder-)geborene Führer. Er war eine Schande. Harold Wilson war der erste Labour-Führer, der keinen Traum hatte; sein einziger Traum war an dem Tag wahrgeworden, an dem er Labourboß wurde.
Zwischen Wilson und Thatcher wählten die Leute Heath – eine Möchtegern-Rückzüchtung, eine Nova aus dem Stadtparlament von Penge, die die blaublütigen, besorgten und verwirrten Nachkriegs-Kämpfer und Mahner imitierte und

von den Gewerkschaften eingemacht wurde – und tolerierten Callaghan, den Lennie zu Mr. Wilsons George, der denselben Weg ging. Die Regierung zu Fall zu bringen, wurde zum Vorrecht der intellektuell bankrotten Trade Unions, und es war ein gutes Gefühl, der kollektive Ausdruck der rohen Gewalt der Machtlosen – zerschlag eine Telefonzelle, zerschlag eine Regierung. Es war nicht gerade das beste Benehmen, aber es war immer noch der konsumfreudigen Zufriedenheit vorzuziehen, die die einzige Alternative zu sein schien. Die Siebziger waren ein Jahrzehnt des Uhrenanhaltens, des Bilanzziehens, und irgendwann mußte ja mit dem Radschlagen Schluß sein. Die Arbeiterklasse bekam plötzlich Angst vor der eigenen Courage, sie hielt ihren kollektiven Atem an (der Gürtel würde später enger geschnallt). Nach dem ersten Jahrzehnt, in dem die Arbeiterklasse in Gestalt der gewerkschaftlichen Macht die Stärke und den Grips hatte, ja oder nein zur Regierungspolitik zu sagen, und häufig, heftig und beharrlich nein gesagt hatte, fühlte die Arbeiterklasse, daß sie am Abgrund steht – am Abgrund dessen, was sie Anarchie zu nennen beliebt, der große, böse Nix-verstehen-Wolf, aber es war wirkliche Macht. Sie hatte Angst vor ihrer eigenen Macht und Verantwortung und vor der harten Arbeit, die das mit sich bringen würde. Ehrlich, wie die Heuchler sagen, der britische Arbeiter scheut vor harter Arbeit zurück.

Wenn sie es gewollt hätte, wäre die Arbeiterklasse in den Siebzigern stark genug gewesen, es alles hinzukriegen, alles einzureißen. Aber ihr *vice Anglais*, ihre Sucht, von den Höhergestellten tyrannisiert und geführt zu werden, kriegte sie unter. Die Arbeiter hielten sich für dämonische Hedonisten, nur weil sie sich ein Fondue angeschafft hatten; weil man ihnen erzählt hat, es sei das Jahrzehnt des Ausgebens, Ausgebens, Ausgebens und des Jetzt-leben-später-Zahlen gewesen, hatten sie das Gefühl, in den Sechzigern sei es ihnen zu gut gegangen. Wegen ein paar lausiger Autos und Kühlschränke gab sich der Puritaner im englischen Gemüt (die Waliser und die Schotten hatten es nie so dick mit Thatcher) eher selbst die Schuld am Niedergang des Landes als der Regierung, und sie projizierten ihre vermutete Faulheit und Gierigkeit auf ihre sichtbarste Gestalt, auf die Gewerkschaften.

Die Siebziger waren ein Jahrzehnt der Nostalgie; die Gatsby-Zwanziger, die Mosley-Dreißiger, die Glenn-Miller-Vierziger. Die Siebziger begannen mit »Upstairs, Downstairs«, Sehnsucht nach Ordnung, und endeten mit Punk, Sehnsucht nach Zorn. Irgendwann, als es der Arbeiterklasse mal wieder so-gut-ging-es-uns-noch-nie ging, hatte sie vergessen, wie man Wut empfindet. Nun war alles, was sie spürte, Reue und Schuld. Die Siebziger verbrachte man damit, sich in einem Kostümdrama vor der Zukunft zu verstecken, und sie gipfelten in der Wahl von Mrs. Thatcher. Die Leute aus der Arbeiterklasse, die sie wählten, hofften, sie würde *uns* zurück ins Hinterhaus schicken, *uns* eine Lektion erteilen und auf diese Weise unser geliebtes Land retten. Sie bürdete die Verantwortung für Englands Abstieg den Engländern auf, statt den Amerikanern und Arabern, deren Schuld es in Wirklichkeit war – die einen militärisch und moralisch, die anderen finanziell. Und die Engländer liebten das. Sie gab den britischen Arbeitern die Schuld, und die britischen Arbeiter gaben ihr dafür ihre Stimme. Sie beschuldigte die Gewerkschaftler, und die stimmten auch für sie. *Le vice Anglais* rückte zum ersten Mal ins Blickfeld britischer Parteipolitik, und wir stimmten mit dem Unterleib ab. Und als Führer blieb uns letztlich weder der tattrige Gutsherr noch der ausgemusterte Weihnachtsmann, sondern die katzbuckelnde Domina, das darwinistische Meißnerpüppchen.

In den Sechzigern sprach niemand von der Klassengesellschaft, höchstens um zu sagen, sie existiere nicht mehr. Die Arbeiterklasse in Form ihrer Jugendlichen hatte die Dynamik, die England, wenn schon nicht groß, so doch F. A. B. machte. Aber heute werden die Jugendlichen insgesamt als staatenlose, entwurzelte und deplazierte Personen betrachtet, und jedermann weiß mit tödlicher Genauigkeit, zu welcher Klasse sie gehören. Wer hätte in den Sechzigern vorausgesehen, daß Klassen und ihre Definitionen eines Tages eine Großindustrie sein würden? Daß eines Tages *jung* oder *alt* zu sein nicht mehr ausreichend definiert, ob man in oder out ist? Heute besteht England aus YAPS, Young Fogeys, Noovs, Nouveaux Pauvres und Sloane Rangers, und kein geringerer als William Hamilton wird nicht mehr fürs Parlament kandidieren, sondern ein Buch über das Klassensystem in diesem Land schreiben, mit einem Kurzauftritt der Royal Family in »Die Wurzel allen Übels«.

Kommt Zeit, kommen die Hausierer. Aber das neue Klassenbewußtsein ist nicht bloß ein netter Trick, mit dem sich die schnelle Mark machen ließ, sondern eine besonders gemeine Tatsache. Nach sechs Jahren der Herrschaft von Mrs. Thatcher ist ihre Wählerschaft herumgeschoben, sortiert und eingeordnet; unterschrieben, abgestempelt und abgeliefert im Land, wo weder Milch noch Honig fließen – genau das, was sie immer wollten. Die Symptome der neuen Klassenkrankheit zeigen sich überall: vom drastisch wiederbelebten Nord-Süd-Konflikt bis zum Königshaus-Revival, vom neuen, schrecklichen Heroinkonsum durch Jugendliche der Arbeiterklasse, dieser Selbstmord-Marathon, bis zum Bingo in den Zeitungen der Ohnmächtigen; von Sanftmut im Antlitz der Arbeitslosigkeit bis zur mangelnden Unterstützung der Bergarbeiter durch die Arbeiterklasse. Dies ist immer noch das einzige Land in der englisch-sprechenden Welt oder Europa, in dem Akzent eher von der sozialen Klasse als vom Landstrich abhängig ist – die Leute beurteilen Macht eher nach Akzent als nach Reichtum oder guter Bildung. Bildung zählt immer noch nichts in diesem Land, wenn man nicht so spricht wie die Bessergestellten; und wenn man so redet, kann man so doof sein, wie man will, und trotzdem aufsteigen (oder wenigstens Wassertreten). Die Kraft und das Ergreifende der Diana-Spencer-Geschichte rührt her von der Tatsache, daß sie ein Teenager-Schulabgänger aus einer Ein-Elternteil-Familie, ohne einen Schulabschluß, war – wie eine Million anderer englischer Mädchen auf dem Alteisenhaufen, junge Damen in Wartestellung auf einen Job, der niemals kommt – und dennoch nur durch die Art, wie sie redete, die gemütlichste und bestbezahlteste Lehrstelle im ganzen Land angelte. Dieses exklusive Kraftfeld spürend, geht in England der geringste Prozentsatz an Studenten aus der Arbeiterklasse in Europa an die Universitäten, obwohl es das einzige System ist, das eher auf Stipendiats- als auf Darlehensbasis funktioniert – was doch sicherlich den Bedürfnissen der Schlechterverdienenden entgegenkommt? Aber nein, sie wissen, es hat keinen Zweck.

Keinen Zweck, und Ermutigung genausowenig. Vielleicht das Schlimmste an den Arbeitern in diesem Land ist der Mangel an Anregung für ihre Kinder, etwas Neues, Nicht-Manuelles, zu versuchen. Mit ihrem Mangel an konstruktiven Ratschlägen sind sie grausam, aber – im Zweifel für den Angeklagten – vielleicht fürchten sie bloß, wenn ihr kehlig knarzender Nachwuchs zu hoch hinauffliegt, könne er zu hart auf die Felsen der Ablehnung stürzen. Andererseits könnte es an ihrem Mangel an Achtung für sich, ihresgleichen und ihrem Blut liegen; ein Mangel an Achtung, der Hand in Hand geht mit der kriecherischen Verehrung, die sie momentan dem Haus Windsor entgegenbringen – jenen modernen Göttern für eine eintönige, säkularisierte Gesellschaft, jenen »Ikonen der Reinlichkeit«, wie sie Anthony Burgess brillant nannte, für eine Gesellschaft, die sich schuldig und schmutzig fühlt.

Diese schrecklich rührselige Aufregung wegen der königlichen Babys: die Bettler auf den Straßen, die um Geld bitten, um »Nahrung fürs Baby« zu kaufen – es könnten die zwanziger Jahre oder ein anderes Land sein. Es ist ganz bestimmt kein zivilisiertes Land mehr. Es ist unhöflich, immer auf den Windsors herumzureiten, armer Rüpel, denn sie konnten es sich nicht aussuchen, nutzlos geboren zu werden – und einige von ihnen scheinen ja ganz nett zu sein –, aber es ist teilweise ihre Schuld, daß England so ist, wie es ist, daß es nicht dynamisch und kraftvoll ist. Es ist nicht gesund für ein Land, solch ein *Geschwür* in sich zu tragen, so eine große Clique an der *Spitze* zu haben, deren Mitglieder nicht besonders intelligent oder attraktiv sind und die trotzdem nicht die soziale Stufenleiter runterrutschen können bis zu der Stufe, wo ihre Mittelmäßigkeit ihnen am besten stünde, nur wegen der Stellung, in der sie geboren wurden. Sie sind ein Klotz am nationalen Bein, und sie machen jede Idee von einer Leistungsgesellschaft – daß Leute durch harte Arbeit Erfolg haben und ohne sie scheitern – lächerlich und entmutigen auf diese Art zahlreiche Menschen, treiben viele Leute ins englisch-sprechende Ausland, wo die Region und nicht die Klasse den Akzent bestimmt. Eher Queen Elizabeth als King Arthur ist für die Trägheit britischer Arbeiter verantwortlich.

Vielleicht der jämmerlichste Aspekt im Verhältnis der englischen Arbeiterklasse zur Family ist der Glaube, daß, wenn man sie in einen annehmbaren Ruhestand mit Staatspension und einer Reihe schmucker Schlößchen in Fulham schicken würde, England automatisch die bescheidenen Einkünfte aus der Touristik verlieren würde. Was für ein schändlicher Mangel an Glauben ans eigene Land und welch grauenhafte Respektlosigkeit gegenüber London, der schönsten Stadt der nicht-kommunistischen Welt. Der angeborene Glaube, die Windsors zu verehren würde uns »zivilisierter« machen als Ungläubige, ist unglaublich fehlgeleitet, und es sieht recht trübe aus, wenn man erst mal hinter das Puppenhaus schaut, zu dem England für die übrige Welt geworden ist: der Pomp, die Zeremonien und die Servilität, die der Royal Family entgegengebracht wird, sind ein Brauch, den man sonst nirgendwo in der Welt findet, abgesehen von fürchterlich unterentwickelten Ländern in Afrika, wo entsetzlich watschelnde Monarchen, von deren Fett das Volk ein ganzes Jahr leben könnte, sich recht und schlecht mit Königsein durchschlagen. Natürlich gibt es noch andere Monarchien in der Welt, aber das sind die Fahrradmonarchien des kalten, reichen Skandinaviens und der Niederlande, wo sich der König am Flughafen sein Taxi selber rufen darf, oder die Ambre Solaire Monarchie von Monaco, wo die wunderschöne Prinzessin ihre Koffer selbst durch den Flughafen schleppt. Die einzigen arroganten und verehrten Monarchien existieren in England und Afrika: Und sie sind nicht gleichbedeutend mit Zivilisation, sondern mit Aberglauben, Dummheit und Bildungsdefizit. Es gibt niemals eine Entschuldigung für Götzendienste, es sei denn, man ist ein Zulu und weiß es nicht besser.

Die erbärmliche Popularität der Windsors wird im Moment nur von der Unpopularität der Bergarbeiter übertroffen. Der Bergarbeiterstreik von 1984, der aussieht, als würde er mindestens ein Jahr dauern, ist die Wasserscheide von Maß und Umfang der Arbeiterschichtsfeigheit. 1926 führte der Bergarbeiterstreik zum Generalstreik vom 4. Mai bis zum 12. Mai, wo man es, wenn auch ohne großen Erfolg, wenigstens versuchte; die streikenden Bergarbeiter von 1984 wurden von einer verwirrenden Vielzahl von Fans unterstützt – von Paul Getty Junior, der Zigtausende für ihre Familien spendete, bis zu solch schillernden Starlets wie Sade und Wham und der Hälfte aller Entertainer der Welt, die pausenlos Benefizkonzerte für sie veranstalten, von der Haldane Society of Lawyers zur Sinn Fein, von Oberst Ghadafi zum St. Mary's Hospital Social Club of West London, von der PLO bis zum Goldsmith's College; ein Junge, den ich am Brasenose College kenne, sagte, man könne einen Oxford-/Etonabsolventen immer erkennen; es ist der, der für den Bergarbeiterfonds sammelt – aber von keiner einzigen Gewerkschaft in der einzigen Form, in der eine Gewerkschaft ihre Kraft wirklich ausdrücken kann: durch Streik. Selbst die französischen Gewerkschaften, die *französischen*, schickten zu Weihnachten 1984 alles außer der Cuisine couleur zu den Bergarbeitergemeinden. Manchmal sieht's aus, als würde jedermann in der Welt die Bergarbeiter unterstützen – nur die Tories und die britische Arbeiterklasse nicht.

Die Unerschrockenheit und der Trotz der streikenden Bergarbeiter sind bewundernswert; ihre Ziele gleichwohl sind es nicht und dienen im weiteren dazu, das Brachland zu illustrieren, in das die Nachkriegs-Arbeiterklasse gewandert ist. Die Regierung gewinnen zu sehen wäre gräßlich – aber falls und wenn die Bergarbeiter gewinnen, was wollen sie? Und ist das, was sie wollen, *gut für sie?* Jahrelang wollten Bergarbeiter vor allem, daß ihre Kinder nicht dasselbe machen müssen wie sie, daß sie eine gute Ausbildung bekommen und ans Licht gelangen. Plötzlich scheint es, daß alles, was sie wollen, eine Garantie ist, daß ihre Kinder und Kindeskinder dasselbe dunkle, blinde Leben wie sie führen dürfen.

Mit ihrer Unterstützung der Bergarbeiter zeigen die Guten, die *Glitterati* und die Gutgläubigen ihre Sehnsucht nach einem Leben, das es niemals gab und niemals geben kann; ein weiteres Beispiel für Klassenamnesie, jede Bergarbeitersiedlung ein Hovis-Himmel der glücklichen Familien und ehrlichen Herzen. Aber die Bergarbeitergemeinden, die von der Linken so romantisiert werden, sind im betriebsfähigen Zustand Bastionen all dessen, was die Linke zur Zeit äußerst verabscheut. Rassendünkel, streng definierte Geschlechterrollen (es ist amüsant zu sehen, wie sich Londoner Feministinnen eifrig bei den Miner's Wives Support Groups engagieren, wo es doch unter anderen Umständen als Faschismus verurteilt würde, eine Frau als Ehefrau oder Hilfe von jemandem zu bezeichnen), Lohnsklaverei, die Gleichsetzung jedweder männlicher Sensibilität mit Homosexualität. Die Aufrufe gewisser süßer Labour-Aristokraten an die Bergarbeiter- und Homosexuellengemeinden, »sich gegenseitig im Kampf zu unterstützen«, ganz zu schweigen von den *Kumpels-und-Perversen-Kollekten-Nächten*, starring die brillanten Bronski Beat und inszeniert von »Lesben und Schwule unterstützen die Bergarbeiter«, waren wirklich ergreifend; als ob jemals auch nur ein einziger Schwuler oder eine einzige Lesbe sein / ihr »coming out« haben und weiterhin in Frieden in einer Bergarbeitersiedlung leben könnte.

Aus der Perspektive der wirklich unterprivilegierten Gruppen der Gesellschaft, die erkannt haben, daß sie auch nach dem Krieg, von dem jedermann glaubte, er würde alle glücklich machen, immer noch wie kranke Schwachsinnige behandelt werden, ist das Auseinanderbrechen der Arbeiterklasse, traurigerweise, eine wunderbare Sache. Frauen, Farbige und Homosexuelle – für ihren Stolz ist in den Vorurteilsannalen der Arbeiterklasse kein Raum. Selbst in den Korridoren der Macht hallt diese traurige Wahrheit wider; Labour ist die weißeste, männlichste, heterosexuellste Partei im Parlament, während der Vorsitzende der Schwule-aller-Parteien-Gruppe ein Tory ist; das einzige farbige Parlamentsmitglied ist ein Tory, die erste weibliche Abgeordnete war eine Tory, und, wie wir auf eigene Kosten erfahren mußten, der erste weibliche Premier war eine Tory.

Ich wünschte, ich wäre eine farbige Lesbe und könnte für die Kellerkinder insgesamt sprechen, aber ich kann nur als Frau sprechen; und in meinen Augen hat sich eindeutig bewiesen, daß die Rechte der Frauen nicht Hand in Hand mit der Ankunft des Sozialismus gehen. Die Arbeiterschichts-»Großfamilie« der feministisch-sozialistischen Legende meint in Wirklichkeit ein Arbeiterschichtsmädchen ohne eigenes Zu-

hause, das in Furcht vor der Schwiegermutter lebt; das Zerbrechen der alten Vorkriegsarbeitergemeinden befreite die Frauen weitestgehend von der Furcht davor, was die Nachbarn sagen würden. Nach der kubanischen Revolution, an der Frauen einen großen Anteil hatten, ermahnte Fidel Castro sie wieder an Küche und Kinder; Eva Peron dagegen regierte Argentinien. Die streitbare Stimmung der Frauen geht besser zusammen mit den streitbaren Ideen der Rechten – bis jetzt ist kein kommunistisches Land von einer Frau regiert worden, rechte Demokratien und Diktaturen hingegen schon – als mit den Linken, deren Frauen immer noch in Reserve gehalten werden, in erstickender, verblödender, tödlicher Reserve. Woraus Ken Livingstone auch immer schreiend-träumend aufwacht, die Interessen der Schwachen, widerwillig Unterdrückten – der Frauen, Farbigen, Homosexuellen – und die der muskulösen, freiwillig Unterdrückten – der Arbeiterklasse – sind fast völlig entgegengesetzt. Es ist unangenehm, es schmerzt, aber es muß gesagt werden – daß die Weisheit aus der Arbeiterklasse kommt, das *hat es in Wirklichkeit niemals gegeben.* Unsere herrliche Vergangenheit ist eine optische, optimistische Täuschung.
1981, schon dick im Thatcher-England, ergab eine Umfrage, daß 86 Prozent der Briten der Polizei vertrauen, 81 Prozent vertrauen der Armee, 76 vertrauen Gott, während 72 den Gewerkschaften *miß*trauen. Soll das wirklich alles gewesen sein? Ja: Meine Mutter, die in einer kalten Nacht die Hände vor den Fernseher hält, weil sie glaubt, sich dort wärmen zu können, und die zwei zu eins Arbeiterwählerschaft, die Mrs. Thatcher nicht einmal, sondern zweimal wählte, zweimal, für ganze acht Jahre. Eine einzige kalte Nacht führt zu acht ganzen Jahren Verblödungskreuzzug; Mrs. Thatcher, der Fernseh-Quiz-Premier. Alles oder Nichts; die Wunderheilerin.
Hat sich der Arbeiter geändert, seit er, heroisch und bereit loszuschlagen, aus dem glorreichen Zweiten Weltkrieg her-

vorging? Er ist reicher und weniger intelligent. Er lernt mehr und weiß weniger. Er ist immer noch ohnmächtig, das ist es nämlich, was die Menschen von Arbeitstieren und die Klassen unterscheidet. Er ist feiger, als er es früher war, und in harten Zeiten werden sich die Arbeiter nicht gegen die Leute organisieren, die die Zeit so hart machen, sondern aufeinander herumhacken, sich spalten und noch mal spalten, wie selbstmörderische Amöben, und den Schwarzen Peter weiterreichen. Sie sind von unglaublicher politischer Ignoranz und Voreingenommenheit; nirgendwo sonst in Europa liegt das Wort »Kommunist« auf gleicher Ebene mit »Kannibale« oder »Kinderficker«.

Ich kann kein Ende dieses Zustandes und keine große Verlagerung zurück zu Labour absehen. In gewisser Weise ist die Arbeiterklasse heimgekehrt; die Torys sind die natürliche Partei der Schlechtgebildeten, und ihre dreiste, anti-idealistische und anti-zerebrale Weltsicht spricht den argwöhnischen, fatalistischen Arbeiter an – Torys zu wählen ist so leicht und geistlos, wie Anhänger einer Fußballmannschaft zu sein. Ich selbst, nach Jahren des Widerstandes (zu Lunch Dinner sagend, zu Dinner Lunch sagend), wende mich auch in wahrhaft modernem Stil von meinem Erbe und meiner Herkunft ab und lerne meine Lektionen in diskretem Charme der Bourgeoisie. Leinen los, ich bin an Bord. Oder wenigstens auf einem Sofa in SW 1.

Lieber glaubwürdig als tot

(Better Cred than Dead)

Du willst also Credibility? Nun, die kostet was. Zahl mal gleich an – in Augenrändern. Credibility ist das, was Medienmenschen anstelle von erstklassigen Zeugnissen und Sportabzeichen haben. Sie wird auf viele mysteriöse Arten angehäuft – und verplempert; sie kann aus tiefster Seele kommen oder das Meisterwerk eines Visagisten sein. Aber Credibility hat die Knochentour ersetzt, die als offizielle Referenz nötig war, bevor eine Karriere in der Kommunikationsindustrie starten konnte. Ist man reich und berühmt, kommt man ohne aus – auch wenn es fürchterlich schmerzt! –, und wenn sie einmal futsch ist, bleibt nichts als mit dem Verlust leben zu lernen.

Wie Jungfräulichkeit oder eine Kontaktlinse kriegt man sie nicht wieder, ist sie einmal weg (zumindest nicht in diesem Leben). Und man kann sie so leicht verlegen. Oft verlieren Leute sie ohne eigene Schuld oder zu stolpern, sondern durch veränderte Verhältnisse – Nicholas Heyward und die Wham-Kumpels traten mit der Mindestdosis *Funk* an und verloren alles, als ihr Publikum zu jung und zu groß wurde, um den Jungs im Rock-Biz nicht im Magen zu liegen. Es ist sehr leicht, das wenige, was man hat, durch ein Video zu verlieren und auch noch Unsummen dafür zu bezahlen; Duran Duran waren offiziell erst ein WITZ, als sie begannen, in Massen ihre bemitleidenswerten Urlaubsfilme zu produzieren (entschuldigt, aber eure Neureichenmentalität wird deutlich).

Es ist egal, wie viel man hat, man kann sie immer noch völlig verlieren / verbrauchen; Frank Sinatra, mit einem Gesicht, einer Stimme, einem Namen und Ruf unter Tausenden, verlor wundersamerweise alle, und wenn Hipster davon reden, Frankie Sin zu lieben, dann meinen sie nicht seine letzten Sachen, seine von allen guten Geistern verlassenen Versionen von »Bright Eyes« und »Just The Way You Are«, sondern das clevere Gespenst, das »That Rainy Day« sang. Vom Aspekt der Credibility aus ist Sinatra gestorben, tot und begraben – Dean Martin hat paradoxerweise seine Credibility noch komplett beisammen: zu alkoholgetränkt, um sich aufzulösen.

Das Passionsspiel der Credibility waren die Clash – sie wurden dafür gekreuzigt. Niemals zuvor war sie so ausgeprägt wie bei den Clash, und nie wurde sie so leichtfertig verschwendet, sie hingen in Amerika herum (Nord-, nicht Mittel-!), kreuzten in Smokingjacken an Flughäfen auf, schnupften Kokain wie Dreck und ließen die ganze Pracht vor die Hunde gehen – schreckliche Zeiten für jedermann. Die Clash brachen das Herz einer ganzen Generation, und das wird ihnen niemals vergeben werden.

Es schien unmöglich, daß auch Rotten seine Credibility verlieren könnte, aber irgendwie streifte er sie ab – wurde fett und lief zu den Amerikanern über, die beiden einfachsten Wege, sie loszuwerden. Aber selbst wenn er über Nacht 30 Kilo verlöre, die beste Single der Weltgeschichte machte und morgen nach Finsbury Park zurückzöge, könnte es nicht mehr wie früher sein.

Wird ein Crooner reich, wird es für ihn schwieriger, sich Credibility zu bewahren, zwar würde er immer wieder die Kohle der Reputation vorziehen, aber es verletzt seine Eitelkeit, daß er nicht beides haben kann. Er wird verzweifelte Dinge tun, um seine Credibility wiederzubekommen und sich womöglich zum Clown machen – man denke etwa an Rod Stewart, wie er in Beverly Hills Fußball spielt, oder Keith Richards,

der 1977 sagte: »Ich könnte diesen Punks noch Nachhilfeunterricht im Fluchen geben!«
Manchmal werden Leute, die sie eine sehr lange Zeit hatten, völlig benebelt davon und denken, sie könnten sich alles erlauben; bestes Beispiel dafür der langjährige Liebling der Trotzköpfe, Kenneth Everett, der sich seine Zukunft bei dieser Nürnberg-an-der-Themse-Wahlveranstaltung der Tories verscherzte. Über Nacht verlor er sein Gesicht bei allen, die älter als 12 waren. Er reagierte fürchterlich verletzt und ungläubig über die Reaktion. Er hatte geglaubt, er sei schon weit über den Punkt ohne Wiederkehr hinaus glaubwürdig.
So einen Punkt gibt es nicht, obwohl Credibility für einen Showbiz Kid die Versicherungspolice für Schandtaten der Vergangenheit sein kann – David Bowie überlebte eine außerordentliche, entsetzlich peinliche Leiche im Keller – »Wo sind Sie her?« »Zwergenreich!« in der Tat! –, und das nur, weil er so dünn, so bleich, so bisexuell war – mit anderen Worten, er hat unglaubliche Credibility. Ein Geringerer, jemand, der sein ›Etwas‹-Konto schon überzogen hätte, wäre dafür vom Antlitz der Branche getilgt worden.
Nichts vermindert deine Credibility mehr, als länger als erwünscht zu bleiben, nichts vermehrt Credibility stärker, als zu sterben (Selbstmord ist selten und gibt Cachet, aber sich ermorden zu lassen, ist noch besser – durch a) einen Spinner oder b) eine eifersüchtige Person. Ersteres verleiht den Status eines Märtyrers, das andere bestätigt sexuellen Erfolg). Wie auch immer, es gibt noch andere Wege, sie zu gewinnen oder zu verlieren:

CREDIBILITY: Ausgewählte Wege, sie zu…

bekommen / verlieren

– *Selbstmord begehen* / Selbstmord androhen
– *zum Fußball gehen* / auf Bärenhatz gehen
– *grausam zu Menschen sein* / grausam zu Tieren sein

- *falls Popstar, Kinder haben* / falls Popstar, ekelhafte, widerlich süße Lieder über Kinder schreiben
- *im Knast sitzen* / irgendwo dort sein, wo der Wichser ist, der Brian Tilsley spielt. Oder Mann in Begleitung zweier Mädels (siehe Stringfellows)
- *ungesunde Haut haben (signalisiert Jugend)* / fett oder glatzköpfig sein (signalisiert Alter)
- *eine Narbe haben, besonders wenn göttlich hübsch (siehe Clare Grogan)* / Tätowierung haben (vergröbert Glanz und Zauber des Prollseins. Das einzig Gute an Tätowierungen ist die exotisch blaue Narbe, die beim Entfernen zurückbleibt)
- *Japse oder Deutsche heiraten* / Britt Ekland heiraten
- *falls Popstar, bei den Eltern wohnen (wenn Arbeiterklasse)* / falls Popstar, zuviel in Amerika leben (siehe Clash)
- *falls Popstar, Jungs zwischen 20 und 30 ansprechen* / falls Popstar, Mädchen zwischen 9 und 19 ansprechen
- *grinsen* / lächeln
- *vom eigenen Geld eine Zeitschrift gründen, die nach ein paar Nummern zum Magazin des Jahres gewählt wird* / von ererbtem Geld eine Zeitschrift gründen und pleite gehen, nachdem die erste Nummer gerade ein paar Stunden am Kiosk ist
- *mit AJP Taylor oder Jaclyn Smith schlafen* / mit Al Haig oder Lulu schlafen (Torvill und Dean sind ein interessanter Crossover Cred-Fall: Mit einem zu schlafen wäre unverzeihlich übel, mit beiden gleichzeitig zu schlafen würde Wunder für deinen Ruf wirken)
- *als Junge geboxt zu haben* / *im amerikanischen Film einen Boxer spielen* / *ein junger Boxer sein* / ein alter Boxer sein
- *italienisches oder afrikanisches Blut haben* / rhodesisches oder *manx* Blut haben
- *falls Popschreiber, für Wahrheit, Gerechtigkeit und Sozia-*

lismus kämpfen / falls Popschreiber, Spesenrechnung manipulieren und dann den ganzen Nachmittag schmollen, weil der Herausgeber die Auszahlung unterbindet
- *blutbesudelt sterben* / glücklich leben
- *schmollen* / falls walisischer Politiker, selbstverliebt durch Tracey-Ullman-Videos hampeln
- *Leute vermöbeln / Papst mit Herpes infizieren / der Regierung abtrünnig werden oder sich ihr gegenüber betrügerisch verhalten / sich an einen gigantischen, multinationalen Konzern verscherbeln / als Verteidiger der übelsten Schweinereien der Sowjetunion auftreten* / irgendwas (besonders sexuell) mit Radio One DJs zu tun haben (einzige Ausnahme ist Gavin Martin, der trotz Liasion mit Mike Smith seine untadeligen Referenzen bewahrt) / vielversprechende Karriere in der Poppresse verscherzen, um als blöd grinsender Hampelmann für alberne, kommerzielle Fernsehsender zu arbeiten – oder noch schlimmer, als Rechercheur für oben erwähnten Hampelmann arbeiten / nervendes In-Their-Own-Words Altpapier zusammenstellen und gleichzeitig vorgeben, man sei ein wertvolles Mitglied der menschlichen Gesellschaft / über Popmusik schreiben, wenn man in Wirklichkeit in einer Band spielen will / in einer Band spielen, aber auf kriecherische Einladungen des Herausgebers hin gelegentlich mies über Pop schreiben (eine Ausnahme ist Gary Kemp, der es überraschend gut kann)

Man weiß nicht immer, wann man sie hat. Zum Beispiel Midge Ure – hatte sie bei Slik und dachte, er hätte sie nicht. Hatte sie nicht bei den Rich Kids, aber dachte, er hätte. Hat sie nicht bei Ultravox, aber denkt, er habe. Eins der rührendsten Schauspiele der Welt ist es, wenn jemand nach 20 Jahren harter Arbeit und Verspottung glaubwürdig wird – man denke an Tony Blackburn, der endlich als Englands größter und bester Promoter schwarzer Musik der letzten zwei Jahrzehnte anerkannt wurde. Denke an Top Of The Pops, eine weitere Sache, die nach 20 Jahren Hängen und Würgen, nach 20 Jahren der Verleumdung als faschistisches, friedmansches Sedativum, als Spielzeug eines alten Mannes, glaubwürdig wurde und nun endlich unverhüllt als das dasteht, was es wirklich ist – grob gesagt, Volkes Wahl (anders als, sagen wir, The Tube und das übrige, die einfach nur abgekartete Sachen sind). Die einzigen, die nicht dabei sind, sind The Clash, aber die spielen – wie wir oben gesehen haben – eh keine Rolle mehr. Wer unter der Sonne hätte jemals gedacht, daß der Tag kommen würde, an dem Top Of The Pops mehr Credibility hat als The Clash! Aber der Tag ist gekommen.

Neben jenen, die Credibility erlangen, gibt es die, die a) glaubwürdig geboren werden und b) jene, die Credibility aufgedrängt bekommen:

a) Credibility kann als Gnade gewährt werden. Wenn man bedenkt, daß Schwarze im wirklichen Leben keine Schnitte kriegen, ist es nett zu sehen, daß sie innerhalb der Stadtgrenzen der Credibility alle Freiheiten genießen. In gewisser Weise heißt schwarz geboren zu sein, perfekt geboren zu sein; aber der Weg zur Schwärze ist ein weiter. Mr. Rimbaud glaubte, es gäbe eine Operation, die ihm etwas von seiner bläßlichen Peinlichkeit nehmen könnte, aber heute weiß man es besser und begnügt sich damit, schwarze Backingsänger anzuheuern, Schwarze als Mitglieder in seine Popband zu bitten und mit ihnen zu schlafen – *etwas* könnte ja irgendwie auf einen abfärben, einen weniger schmerzhaft weiß zurücklassen. Aber du wirst niemals ihr ›Etwas‹ haben.

Man kann ein gewalttätiger, mystischer, drogenbenebelter, knauseriger, geldgeiler, medaillonbehängter Schwachkopf sein (siehe Marvin Gaye) und ›Es‹ dennoch haben, wenn man schwarz ist. Man kann ein religionsbesessener Frömmler sein und ›Es‹ haben – siehe Jesse Jackson und sein netter »Hymietown«-Witz: Man stelle sich das liberale Protestgeheul vor, hätte ein charismatischer Rabbi von Watts als »Niggertown« gesprochen; Schwarz ist die wirklich einzige Farbe, mit der ein glaubensbesessener Frömmler seine Credibility bewahren kann. Ja, man kann selbst ein sadistischer Ex-Mietkassierer von Rachman sein, der herumlief, Mädchen ermordete und in deinem Gemüsegarten vergrub, aber wenn man eine schwarze Haut hat und ein strategisch günstig plaziertes »X« (siehe Michael de Freitas), werden die Liberalen wie kopflose Hühner durch London wetzen, ihr Geld rausschmeißen und mit ihren Petitionen wedeln, um dein wertloses Leben zu retten. Was elegant überleitet zu...

b) Credibility kann abartig sein. In den letzten Jahren war es für einen gewalttätigen Kriminellen leicht, das Gütesiegel zu erringen. Wenn er auch nicht gerade ein Triebtäter sein sollte (moralisch bedenklich, ebenso wie die Schwestern zu beleidigen). Er sollte einen anderen Kriminellen umgelegt haben (es mag überraschen, aber es ist nicht angesagt, einen Kollegen zu verraten, aber durchaus O. K., ihn kaltzumachen) oder jemanden, der unterlegen ist – einen Sicherheitsmann, einen Nachtwächter oder einen Bankkassierer. Dann fängst du an, die alten Open University Dinger einzusacken; dröge Jungakademikerinnen mit Oxford-Einsen werden angesichts deiner Abschaum-Prüfungen zu errötendem Wackelpudding. »Und du mußtest jeden Morgen den Kübel auskippen? – Und du hast eine Zelle geteilt mit – WIE VIELEN?« »Und du hattest keine Frau – WIE LANGE?« Polier einem Fiesling die Fresse, das poliert dein Image auf.

Aber egal wie kriminell oder wie schwarz man ist, in uns allen lauert ein Virus, der, einmal außer Kontrolle geraten, jedes Fünkchen Cred zerstört. Man nennt es IRRSINN. Die Kray-Zwillinge verloren ihre Credibility nicht, als ihre schaurigen Verbrechen ans Tageslicht kamen, sondern als einer von ihnen – ich vergeß immer welcher – für übergeschnappt erklärt und vom Gefängnis (hip) in die Klapse (unhip) verlegt wurde.

Der glaubwürdigste Mensch ist seltsamerweise ein gewisser Michael Jackson, ein sehr reicher Popstar; sein Schwarzsein hebt seinen behämmerten Megastarruhm auf, und sein enormer Reichtum wird dadurch relativiert, daß er sich versteckt, mit Tieren redet und sich selbst Schmerzen zufügt, sein Geld scheint ihn nicht glücklich gemacht zu haben; er ist ein armer Sack h. c. … Aber seine Neurosen, die im Moment nur dazu dienen, ihn für die Mandarine der Coolness interessanter zu machen, scheinen bösartig zu wuchern, und eines Tages wachen wir sicherlich alle auf, um festzustellen, daß Michael Jackson zum ersten, verrückten, schwarzen Millionär der Welt geworden ist und völlig peinlich.
Es ist ein langer, stürmischer Weg zur Glaubwürdigkeit, aber das ist Credibility, das Presseinfo der Seele – *gullible's travails.*

Gefallene Götter *(Damaged Gods)*

1985 präsentierte Alan Bleasdale – laut John Mortimer »der volkstümlichste Dichter seit Dickens« – am trefflich benannten Phoenix Theatre ein Stück über das Schandmaul, das der Welt im Hals stecken blieb – und selbst alles schluckte, was ihm in die Finger kam – Elvis Presley. Während der Proben hatte er dem Schauspieler, der den Elvis spielen sollte, die Elvis-Biographie von Albert Goldmann (dem Simon Wiesenthal des Showbusiness) zugeschickt und mit einer Anmerkung versehen: ENTHÄLT VIELE FAKTEN, ABER WENIG WAHRHEIT. OBACHT! BERÜHRUNG MIT DEM STOFF KANN TÖDLICH SEIN!

Goldmanns Buch, die Frucht jahrelanger Arbeit, schöpfte praktisch aus jeder lebenden Quelle aus dem Umfeld des alternden Presley. Ungemein ergreifend wurden jene Seiten des unappetitlichen Mr. P. enthüllt, die vordem der (Presse-)Öffentlichkeit verborgen geblieben waren – das Kind, das sein Spielzeug verschleudert, das grotesk aufgeblähte Idol, das nichtsdestotrotz vor seiner letzten Tennessee-Freundin Ginger Alden auf die Knie sank, um ihr mit den Worten die Heirat anzutragen, er sei in der ganzen Welt herumgekommen, habe aber nie erwartet, etwas so Kostbares wie sie in seinem eigenen Vorgarten zu finden. Es zeigte ihn auch als Rüpel, als Rassisten, als Drogensüchtigen, als Vielfraß und als so vom Ideal der MUTTER besessenen Neurotiker, daß er mit seiner eigenen Frau nicht mehr schlafen konnte, nachdem sie ihr Baby geboren hatte.

Die Ironie war, daß Alan Bleasdale, der in seinen Romanen immer für das definitive Sittengemälde der häßlichen Lebensumstände im monetaristischen England der Achtziger gut war, das definitive Sachbuch über die häßlichen Lebensumstände in der gehobenen Steuerklasse im Hals stecken blieb. OBACHT – BERÜHRUNG MIT DER WAHRHEIT KANN TÖDLICH SEIN. *You can do anything, but don't step on my blue suede dreams.* Elvis Presley war die letzte und endgültige Erscheinungsform des Entertainers im 20. Jahrhundert, des American Success – ein Mann, unendlich reich, der alles hatte, was für Geld zu kaufen war, der in seinen letzten Lebensjahren zu viele Tranquilizer genommen hatte, um seine Eingeweide noch unter Kontrolle zu haben und statt dessen in gewaltigen, aus Badehandtüchern improvisierten Windeln auf seinem großzügigen Drehbett lag. Alan Bleasdale, hochgeschätzt für seine Schilderungen der *schmutzigen Seiten des Lebens,* war über die Darstellung seines Helden – den er selbst als einzigen griechischen Gott des 20. Jahrhunderts beschreibt – WIE ER WIRKLICH WAR, erbost: fetter Mensch anstelle der schlangenhüftigen Gottheit. Das gemeine Volk von Liverpool darf bis auf den harten Schanker genau gezeigt werden, dem Griechischen Gotte dagegen muß erlaubt sein, sein Gesicht zu wahren. Die Lügen, die über die wohltuenden Folgen des Erfolgs im Showbusiness verbreitet werden, haben aber zu ebenso vielen gebrochenen Herzen geführt wie die Lügen über die angeblich harmlosen Folgen der Dauerarbeitslosigkeit auf Liverpooler Dockarbeiter. Als er in einem Theaterstück für die Ehre seines Helden stritt, reagierte Alan Bleasdale – *a man of wealth and taste* – auf denselben Impuls, der einen anderen Elvis-Presley-Fan dazu trieb, sich einer Schönheitsoperation zu unterziehen, die ihn in ein genaues Abbild seines Idols verwandelt, der einen Jungen in Brighton veranlaßt, die Überreste von Paul Daniels' Nase in einer Streichholzschachtel zu bewahren; der eine Frau mit dem

Aufschrei »Überfahr mich, Frankie« vor Frank Sinatras Auto springen läßt; der Krüppel bei Beatles-Konzerten nach einer Berührung durch die vier Götter, die auf Erden wandeln, flehen läßt; der die Türsteher bei der Eröffnung des »Xenon« in New York hysterisch »Prominente! Nur Prominente!« kreischen läßt; der in Mark Chapman soviel Liebe für John Lennon entflammte, daß er ihn erschoß, um ihre Namen für alle Zeiten zu vereinen, wie Romeo und Julia, wie John und Lee Harvey, wie große Liebende. Der Impuls, der schlichte Gemüter verleitet, an die Segnungen der Neonlichter, die reinigende Wirkung lärmender Menschenmassen und den Ruf der Sirenen zu glauben – und an die Liebe nach Großstadtart: die Anbetung des Entertainers. Der Mensch hatte immer das Bedürfnis, sich von seinem einzigen, kurzen Leben abzulenken; Entertainment für ein Reagan-Thatcher-Komplott zu halten, das die Arbeiter dieser Welt ihren wahren Zielen (Du hast nichts zu verlieren, außer Deinem *Dallas*) entfremden soll, ist Blödsinn. Auch bevor die Trivia-Mafia die Macht in den Fernsehsendern übernahm und Fleet Street alle Mittel auf das Rausbuttern von Tageswitzblättern aufwandte – die mehr den Lotterlaken der Großen ähneln als bürgerlichen Tageszeitungen –, hatte der Ackerbauer Bärenjagd und Hahnenkampf im Sinn, um sich von seinem trüben Los abzulenken; seine Freizeit verbrachte er nicht mit dem Anzetteln von Verschwörungen, sondern damit, seine Freunde am Herdfeuer kauernd mit Vampirgeschichten zu erschrecken. Er brauchte den Vampir, lange bevor *Hammer-Films* ihn lieferte. WIR BRAUCHEN DEN VAMPIR. Die Unterhaltungsindustrie für kapitalistische Verschwörung zu halten ist Wahnsinn; immerhin aber ist neuerdings etwas im Gange, groß und gärend, das den Wunsch nach gelegentlicher Zerstreuung zu ausgewachsener Besessenheit nach Flucht ins Entertainment verzerrt.

In den siebziger Jahren berichteten amerikanische Lehrer von ehemals vielversprechenden Collegeschülern, die ihre Kurse zu schwänzen begannen, um über die nicht totzukriegenden, brandheißen Soap Operas im Hausfrauenprogramm auf dem laufenden zu bleiben – Leute, die ein eigenes Leben opferten, weil die fiktiven Lebensläufe anderer unmittelbarer, lebenswichtiger erschienen. Im gleichen Maße, in dem die Welt sich öffnet und wächst, rücken wir zusammen und fühlen uns kleiner, wenden wir unseren aufgewühlten Geist und Magen von den Qualen tatsächlicher Kontinente zu den Querelen erfundener Straßenzüge; wie die Welt zum globalen Dorf wird, werden wir zu globalen Dorftrotteln, Schlafwandlern durch ein Leben, in dem unsere besten Freunde Soap-Opera-Gestalten sind – genau wie unsere Führer.

Uns erwarten Zeiten, in denen das wahre Leben nur noch durch Unterhaltung erfaßt werden wird – die Arbeiterklasse am Beipiel *Coronation Street*, Frauenfragen am Beispiel *The Women's Room*, der II. Weltkrieg am Beispiel *The Winds Of War*, Sklaverei am Beispiel *Roots*. Information, die nicht als Unterhaltung angeboten wird, wird nicht mehr angenommen werden, der Anstieg von »Faction« belegt das. Einem Volk, das nur Erdichtetes verdauen kann, den Babybrei der heiligen Kommuni(kati)on – das, wie Mr. Bleasdale, nicht glauben mag, daß Facts und Wahrheit ein und dasselbe sind, droht die Massenverblödung, es droht, seinen Kindern eine strikt in Entertainer und Publikum geteilte Welt zu hinterlassen, in der der Verkünder öden Wissens alles andere als willkommen sein wird.

Der Celebrity-Wurstkessel läuft auf Hochtouren; von der Blüte der DU-MACHST-DAS-Jugendfilme (»Es machen« pflegte sich im Jugendfilm auf Sex zu beziehen – heute bezieht es sich auf RUHM) bis zum Zusammenbruch alteingesessener Industriezweige – entbehrliche kleine Sächelchen wie Kohle oder Stahl – zugunsten der Freizeitindustrie. Freizeit, Entertainment, Prominenz: Freiheit, Gleichheit, Brüderlichkeit der achtziger Jahre. Als Lieblingsbohrinsel der USA wurde

England der Vorzug gewährt, anstatt bescheiden in Bananen und Waisenkindern in ENTERTAINMENT zu machen: Tom Wolfe beschrieb den Tag, da England ein einziges großes Westworld sein würde und seine Bürger »Viddies«-Video-Gestalten, den Amerikanern zum Konsum bestimmt. Die 1985 aufgebrachte Idee, das Kraftwerk in Battersea zum Freizeitpark umzufunktionieren, legte ein häßliches Wortspiel nahe:

Großbritannien '85: Viel Freizeit – keine Kraft.

Unterhaltung ist *die* Branche des 20. Jahrhunderts, wie das Kraftfahrzeug das Geschäft der ersten Hälfte und die Eisenbahn das Geschäft der 2. Hälfte des letzten Jahrhunderts waren. Der Mensch wollte WEITER, um nach hundert Jahren Aufbruch ins Gelobte Land, die Zukunft, festzustellen, daß es keine gab, und um die Zeitmaschine anzuschmeißen, die alles wieder rückgängig machte. Man hat sich gefragt, wie H. G. Wells einmal so daneben liegen konnte, sich einen wissenschaftlichen Apparat auszudenken, den es nie wirklich geben sollte – dabei haben wir doch Zeitmaschinen in jedem Wohnzimmer. Der Mensch zweigt viel mehr von seinem täglichen Brot für Amüsement ab als für seine Gesundheit oder sogar für das Kriegshandwerk; wie auch immer, er bereichert eher die Kräfte, die seinen Tod beschleunigen (Zigaretten- und Alkoholindustrie, Drogenhandel) als die, die sich bemühen, sein Leben zu sichern. Aber es geht eben nichts über den richtigen Köder; im letzten Jahr konnte eine Krankenschwester mit einem Verdienst um 6000 Pfund rechnen, während Prince, der Paisley-Stenz, 32 Mio. Pfund einsackte.

Pervers, wie menschliche Gesinnung einmal ist, läßt sie manche Spieler des Fame-Game, aktive wie passive, sogar Gesinnung in die Auslagen tragen. Als sich Anfang '85 zwölf ehrgeizige junge Schauspieler, Männer und Frauen, Schwarze und Weiße, bereit erklärten, ihren *Wohnsitz* in einer überdimensionalen, den Sunset Boulevard überschattenden Werbefläche zu nehmen – auf den ersten Blick, um ein blinkendes neues Schmuckstück namens »THE WINKIE« zu bewerben, in Wirklichkeit, um ihre Karriere zu betreiben (dem Hartnäkkigsten winkte, in Anlehnung an die Tanzmarathons der Dreißiger, ein neucs Auto, ein Promotiontrip nach New York und Probeaufnahmen in einem renommierten Filmstudio) –, diagnostizierten betuliche englische Kolumnisten: ein Symptom übelster Reaganomics, die Neue-Scheusalschic-Erweckungs-Quacksalber-Show, das nicht gesellschaftsfähige Hinterteil nackten Ehrgeizes und einen Wust weiterer blöder Weltuntergags. Ja, die amerikanische Nationalhymne *war* intoniert worden, als die Winkers ihren Platz am Firmament einnahmen, und Irren ist menschlich. Aber nach einer Nacht waren drei der Schauspielerinnen desertiert, und am nächsten Tag hatten sich die verbleibenden neun gewerkschaftlich ORGANISIERT und forderten Autos und Probeaufnahmen für alle. Weit entfernt davon, die unverhüllte, mörderische Dynamik der amerikanischen Ellbogengesellschaft zu illustrieren, wie auf dem Programm stand, erwies die Gewerkschaft der Winkie-Träger der Sozialpartnerschaft den größten Dienst seit den *Wobblies* – die, genau gesehen, auch wie eine Bande Hüpfdohlen wirken, die über dem Sunset Boulevard für Modeschmuck werben.

Wenn Clark Gable in den Fünfzigern von liebestrunkenen Verehrerinnen bedrängt wurde, pflegte er sein Gebiß aus dem Mund zu nehmen, in der hohlen Hand damit zu klappern und seine Fans dann zu fragen, wie es ihnen möglich sei, einen so abstoßenden alten Mann zu lieben. Die Prinzessin von Wales, arme Gefangene öffentlichen Wohlwollens, die dem Volke von den Fleet-Street-Fanzines als nationale Kreuzung aus Marilyn und Madonna reingerieben wurde, zierte die Titelseiten der Mausfrauen-Magazine, während die Auflagen Mitte der Achtziger ständig zurückgingen, ohne daß ihr weidlich zu Tode gerittener Ponyschopf und ihre roten Wangen die Abwanderung zu den Diätjournalen auffangen konnten – offensichtlich lag es Tausenden von Frauen eher, sich selbst als Heldinnen zu versuchen, was immer auch die monarchiehörige Presse dagegensetzte. 1933 schrieb ein Fan, der um ein Autogramm gebeten hatte, an *Una Merkel:* »Schicken Sie kein Foto. Will es jetzt doch nicht.« Die Künstlerin kabelte zurück: »Foto unterwegs. Sie werden es nehmen – und Sie werden es mögen.«

Alles in allem aber ist Ruhm ein Spiel, das die Schwankenden beider Seiten anspricht. Das Wahrzeichen *Hollywood* ist die alternative Freiheitsstatue, die danach hungert, sich Verlierer, Einsame, Introvertierte und Außenseiter einzuverleiben, um sie als taufrisch wiedergeborene, überlebensgroße Lieblinge zu recykeln – Ruhm ist, wenn die Natur sich entschuldigt. Das so viele Entertainer ihren Abgang mit einer letzten Runde Seconal feiern, liegt wahrscheinlich weniger daran, daß Entertainment die Leute verrückt *macht*, als daran, daß in erster Linie Neurotiker dafür anfällig sind, die ihr eigenes ungeliebtes Ich allzugerne durch ein brandscharfes neues austreiben würden. Nicht das »Gewisse Etwas« mehr, das minderbemittelte Mädchen und hochhackige Jungs in ehrfüchtigem Gemurmel beschwören, macht den Star zum Star – was den Star zum Star macht, ist das gewisse etwas ZUWENIG. Wie sagte doch Warhol, der gutmütige, wenngleich fertige Lumpensammler-Womble des Manhattaner Treib- und Starguts über seine verkrachten Schauspieler, die zaghaften Schatten junger Amerikaner, die er als Underground-Filmstars verkaufte (der Name Underground-Filme rührt, nebenbei bemerkt, daher, daß sie ungefähr so interessant sind wie eine U-Bahn-Fahrt bei Stoßverkehr), als man ihn der »Ausbeutung« bezichtigte: »Ich weiß nicht, was die ganze Aufregung soll. Ich habe ja keine Babys mit perfekten Anlagen genommen und sie verkorkst.« Er rettete, was eh nicht mehr zu retten war, und gab ihm einen Grund, noch ein paar Einstellungen länger auf einer belanglosen Welt herumzulungern. Dasselbe gilt fürs echte Showbiz – nur größer, in vollem Scheinwerferlicht. Das Zelluloid-Wundpflaster ist so wirksam, daß selbst ein Mann wie Sylvester Stallone, der den Vietnamkrieg – ungeachtet wehrpflichtigen Alters und bester körperlicher Verfassung – als Sportlehrer an einer Schweizer Privatschule erlebte, in den Augen der Amerikaner als Rambo, die »unschuldige Tötungsmaschine«, der tote französische Poet mit 2-Meter-Brustkorb, auferstehen kann, der im neuesten dröhnenden Schlaflied – erdacht und vorgetragen vom unbefleckten Sly – nach Vietnam zurückkehrt, um seinen Busenfreund, den genialen, aber wenig charakterfesten Gefreiten Verlaine zu suchen, damit nichts mehr Amerikas Nachtruhe stört. In drei Tagen spielte das Werk 75 Mio. Dollar und noch ein paar Millionen mehr angeekelte Europäer ein. Poster von Sly-Rambo hängen in den Fenstern der Rekrutierungsstellen der U. S. Army – die einladendste Pin-Up-Oberweite für kleine Soldaten seit Rita Hayworth. Mit Sicherheit ist Slambo ein Favorit für die nächsten Präsidentenwahlen der USA, mit einem militärischen Führungszeugnis – ganz große Schnauze und großes Geld –, dessen sich selbst Ronald Reagan nicht zu schämen brauchte.

Ein unleugbarer Beweis der Anbetung wie Prince' 32 Mio. Silberlinge per annum – von Leuten, die ihr Geld ihrem Herzen nach werfen – kann leicht einen destabilisierenden Effekt auf ohnehin ausgeklinkte und abgedriftete Egos haben. Schnellebig, wie die Zeiten eben sind, ist es für einen Performer nicht ungewöhnlich, seinen Himbeerknall nicht im grauen Dämmerlicht des Lebensherbstes, sondern in der Blüte seiner Jugend und Popularität raushängen zu lassen. Star-Kult ist das Wundermittel, das Weitsicht und gesunden Menschenverstand verpuffen läßt wie Spucke auf dem Bratrost. »Die Welt soll mir untertan sein«, beantwortete die schöne, aber gewöhnliche Madonna (weil Schönheit der gewöhnlichste, billigste, freigiebigst ausgeschüttete Ruhm-Dünger ist) in einer amerikanischen Talkshow die Frage nach ihren Zukunftsplänen, während die realistischere Vorgabe gewesen wäre, bis nächstes Jahr um dieselbe Zeit zumindest die Produktionskosten einzuspielen.

Prince hatte nicht ganz ein Jahr in jedem Wohnzimmer gehangen, da schickte er zum Besuch bei den Dreharbeiten seiner Freundin Sheila Escovedo schon Helferlein voraus, die Zettel mit der Anweisung »Keine Blicke auf Prince« an die Crew verteilten. Sie schauten aber doch, und er entfloh – gereizte Persephone einer modernen griechischen Tragödie.

Auch für Stars, die zu den sonderbarsten und einzigartigsten Menschen überhaupt gerechnet werden dürfen, kommt der Punkt, an dem sie *der* Star werden, wie Junkies irgendwann *der* Junkie werden, dessen Weg bis auf die letzte winzige Gabelung vorgezeichnet ist.

Stars handeln nach dem Leitfaden, den Zeitungen und ein kollektives Unbewußtes für die Handlungen des Stars festlegen: mit Sonnenbrille in Nachtclubs, keine Fotos beim ersten öffentlichen Auftreten nach sechs Monaten harter Achtstundentage – meint Achtstundennächte –, ohne ersichtlichen Grund in Tränen ausbrechen, mit berühmten Hallodris ins Bett steigen, um dann Erstaunen und Abscheu an den Tag zu legen, wenn dem hämisch grinsenden Publikum die Konfektionsgröße der Scheide enthüllt wird, sich blödfressen und -saufen, sich scheiden lassen, Fotografen prügeln, neues Glück mit jemand, der halb so alt und doppelt so groß ist, ein Selbstmordversuch von der Stange, Rückzug auf die Gesundheitsfarm, Auferstehung und mehrere Comebackversuche.

Das sich allgemeiner Beliebtheit erfreuende Showbiz-Szenario, nach dem Stars überlebensgroße Wesen sind, deren Glanz unser eintöniges Leben erhellt, hat bei eingehender Untersuchung des Unterhaltungsmarktes einige Blessuren einzustecken. Auf jedes glänzende Geschöpf kommen brave

Tröpfe beiderlei Geschlechts, die nur populär sind, weil in jeder Beziehung *unmöglich*. Namen und Nationalitäten (wenn auch häufig Irisch) wechseln, aber der Appeal bleibt – Ruf der Mildnis. Sie sind Talkmaster und mimosenhafte Weichlinge, die in ihr Piano weinen, und Komiker, aber sie sind alle gleichbleibend untalentiert und unspannend, auf Gedeih und Verderb der Rückendeckung durch ihr Publikum ausgeliefert. Fan eines begnadeten Entertainers zu sein kann sich als undankbare Aufgabe erweisen – Du kannst Deine Gefolgschaft fristlos aufkündigen, ohne daß der Verlust auch nur ein bißchen am Genie Deines Opfers kratzt. Der Fan eines Aushilfsstars aber hat Macht – wenn er und andere seinesgleichen nicht langer lauschen / lachen / kaufen, bleibt dem verklärten Niemand nichts, denn wenn er aufhört zu gefallen, hört er auf zu existieren. Menschen liegt dieses Gefühl mittelbarer Macht, und sie danken es denen, die es ihnen gewährleisten – der Grund, aus dem mehr Genies abgebrannt sterben als Talkshowmaster.

»Fame« ist vom lateinischen Begriff für »Gerücht« abgeleitet, und den Status des gefeierten Künstlers stützt die PR-Maschinerie, moderne Buschtrommeln, deren Anspruch auf gutes Englisch ebenso dürftig ist. Es ist nicht zu übersehen, daß die Talentlosen Prominenz gezielt ansteuern, während die Talentierten ihr ausweichen – grob gesagt, der Unterschied zwischen Garbo und *Tiny Tim* –, aber weniger gerne wird eingestanden, daß Publicity Talent null und nichtig machen und brachlegen kann. Als Farrah Fawcett bei *Drei Engel für Charlie* ausstieg, um die intelligente, freisinnige Krimikomödie *Somebody Killed Her Husband* zu drehen, offenbarte sich ein lässiges, gefälliges komisches Talent, ähnlich dem der jungen Carole Lombard – aber geradesogut hätte Rin Tin Tin die Lady Macbeth spielen können. Die umfassende Publicity, die der Frisur des Mädchens zuteil geworden war, überschattete den Film, ihre Auftritte wurden als eher lächerlich denn lustig abgeurteilt, und das Mädchen unter der Frisur zog sich zurück zu Off-Off-Broadway und Ryan O'Neal. Wohl möglich, daß wir in 50 Jahren vor Programmkinos Schlange stehen werden, die Farrah-Fawcett-Retrospektiven zeigen, aber für den Rest ihres Erdenlebens bleibt »Farrah Fawcett« eine Frisur, nicht eine Schauspielerin. Die PR-Männer, die antraten, ihr zu huldigen, trugen sie zu Grabe.

Als sie in irgendeiner Klitsche auftrat, sprang das wohl letzte im Zoo überlebende Exemplar Farrah-Fawcett-Fan auf die Bühne und grapschte sich die zerrupfte Actrice. In den frühen Achtzigern ließ Victoria Principal eine kugelsichere Duschkabine in ihrem Hochsicherheitstrakt von Hollywoodheim installieren. George Harrison erbaute nach dem Mord an John Lennon auf der Pazifikinsel Maui ein an drei Seiten von Dschungel umgebenes Haus, vor dem wildzerklüftete Klippen steil abfallen; darüber droht der Haleakala-Vulkan. Dort verbringt er die meiste Zeit seines Lebens. Was treibt einen Mann dazu, unter dem Vulkan zu leben, wenn es ihn nur vom Rest seiner Spezies fernhält? Nichts anderes als das Schreckgespenst Fan, das seinen Namen von »Fanatiker« herleitet und dessen Ansehen in der Öffentlichkeit genau darauf zurückgesunken ist. Der Fan, der dich buchstäblich zum Fressen gern hat.

Mehr als gelegentlicher Prominentenmord trug die wachsende Popularität der Soap Operas dazu bei, daß sich das Bild des Fans von Maskottchen zu Freier zu Killer verschoben hat; die Erkenntnis, zunächst mit einem Schmunzeln abgetan, aber dann von den Schauspielern selbst bestätigt, daß viele Zuschauer bei Soap Operas nicht zwischen Spiel und Wahrheit unterscheiden können (oder, wie Alan Bleasdale, in dem Glauben leben, Wahrheit und Wirklichkeit seien nicht dasselbe). Niemand hat je wirklich geglaubt, Greta Garbo sei die Kameliendame, aber die schöne Ord-

nung und Banalität der amerikanischen Vorabendserien ist das Ersatzleben für die ordentlichen und banalen Hinterwäldler Amerikas.
Legion sind die Stories über Schauspielerinnen, deren Parts eine Abtreibung erwogen – nur erwogen – und die dafür von rechtschaffenen Bürgern auf der Straße angespuckt wurden, über Schauspieler, die Krüppel spielten und deren Beine von neugierigen Fans gezwickt und geprüft wurden. Soap-Darsteller erhalten Briefe, in denen ihnen Liebe, Heirat und, wenn nichts mehr geht, Tod angedroht werden. Laut *Variety* werden 10 Prozent aller Fanpost von Leuten mit polnischen Namen geschrieben, ein weiterer von fünf Amerikanern ist Analphabet und sich nicht einmal bewußt, daß die Namen von Schauspielern im Nachspann seiner täglichen Soap Opera durchlaufen. Im Hinblick auf die beiden bedrohlichen und repräsentativen Statistiken wirkt es schon weniger wundersam, wenn sich Ex-Pilzköpfe gleich sicherheitsbewußten Lemmingen auf Hängeklippen flüchten.
Harmlose Schwärmerei kann zu einem klinischen Fall von Besessenheit ausarten, wenn sie nicht fachgemäß behandelt wird. Die einzige Macht des Fans über den Performer ist dessen Zerstörung, und in diesem Bewußtsein läßt er ab und an seinen einzigen Muskel spielen: durch Liebesentzug, sprich Konsumverweigerung, durch Terrorgeschenke und Händel mit dem Tod. Sein Einfluß ist monetär, mörderisch oder marginal, der Einfluß des Stars dagegen sickert unaufhaltsam durch die zahlreichen Medien wie der Nachklang eines herrenlosen Traums. Für den Fan im Dienstbotentrakt verwischt sich die schmale Trennungslinie zwischen Liebe und Haß, Entscheidungsfreiheit und Bestimmung im Sumpf unerwiderter, unerwünschter Liebe, sein peinlicher Ständer *all stressed up and nowhere to go.* Und Liebe wird zur Waffe, wenn ihm dämmert, daß er nie näher als auf Schußweite an seinen Wunschtraum herankommen wird. Meist bleibt es bei Pa-

pierkriegen, die in Briefen und geheimen Tagebüchern toben, aber manchmal werden Träume wahr. Wenn »Persönlichkeit« als Stenogramm für jemand Berühmten gilt, gilt auch, daß die Anonymen keine eigene Persönlichkeit haben und, wie alle im Räderwerk, Verbrechen gegen die Menschlichkeit begehen können – Verbrechen gegen Prominenz. Der Fan, der in Gefilde vordringt, in denen Schein und Sein eineiige Zwillinge sind, findet zu höchster Vollendung aller Traumfabrik-Versprechungen: Eskapismus. Dem Mann, der die Soap-Opera-Darstellerin für ihr Elektroschock-Geknutsche zuerst mit Liebe und dann mit dem Tod bedroht, ist die Flucht aus der Wirklichkeit gelungen – der Aufsteiger in der Welt eskapistischen Vergnügens, der tolle Aristokrat in der neurotischen Masse, die (die bourgeoise Schwäche) immer weiß, wann Schluß sein muß. Kann es harmlosen Eskapismus geben? Vielleicht wenn es sich um Philanthropie handelt, wie höchst eindrucksvoll von Life Aid, Fame for Famine, zur Schau gestellt wurde, als Volkes Wunsch nach Zerstreuung durch Popmusik zur Lösung eines Problems beitrug – das, wie man anmerken muß, vielleicht nie so ernste Ausmaße angenommen hätte, hätten die *Westerner* ihr Augenmerk öfter aufs Horn von Afrika als auf das Texanische Füllhörner-Füllhorn gerichtet. Eine Welt, in der jeder, der einigermaßen frisch ist, sein gesamtes Vermögen für Ablenkung aufwendet, ist ein ausnahmslos beängstigender Lebensraum für Arme. Musical-Kids können ein keckes, kleines Sing- und Tanznümmerchen darüber bringen, wie unwichtig es ist, ob Du schwarz und unterprivilegiert und aus der untersten Kiste bist, weil Du Dir jederzeit den Weg an die Spitze erbreakdancen kannst, aber das können die Mager-Kids eben nicht. Als Leiche bei jeder Taufe, als Klageweib bei jeder Hochzeit können sie nicht auf allzu viele Fernsehminuten rechnen; selbstredend ist der Tod Bobby Ewings (Schein) ein gefundeneres Fressen für die nächste Morgenzeitung, als der Tod Tausender

Afrikaner (Sein). Für ein Volk von Schlafwandlern, das den Schock des Erwachens fürchtet, war Bobby Ewing in einer Weise real, wie es tausend gesichtslose Afrikaner nie sein könnten.
Nur in Extremsituationen – sagen wir im Kriegsfall – handeln Menschen, als sei ihnen ihr Leben tatsächlich teuer. Für den Rest ihrer Zeit nutzen sie jeden sich bietenden Tranquilizer – Unterhaltung, Alkohol, Kunst –, um ihm zu entfliehen.
Der Westler scheint im großen und ganzen weder leben noch sterben zu wollen, sondern sich lieber halbwach über Wasser zu halten, an die Lebensrettungsmaschine in der Ecke gefesselt – jeder kennt die Geschichte der Familie, die '84 mit Gewalt aus ihrer brennenden Wohnung befreit werden mußte; drei Generationen im Banne des neu erstandenen Horrorvideos, das ihnen die drohende Hauptrolle in ihrem eigenen Metzel-Streifen zweitrangig erscheinen ließ.
Die meisten Menschen im Westen wünschen mit einem Minimum an Ärger und Aufwand durchs Leben zu schlafwandeln, und Unterhaltung versorgt sie mit Leuten, die an ihrer Statt aufgeweckt sind, sich nicht die Butter vom Brot nehmen lassen, an ihrer Statt fremdgehen, töten und sterben, für sie *leben.* Je unterprivilegierter der Mensch, je älter und ärmer, desto größer der Bildschirm in der Ecke, aus dem die hinreißend reichen besten Familien Schein-Amerikas (wenn auch die Vorwürfe, *Denver* und *Dallas* seien im Vergleich zu solch pessimistischen So-tun-als-Obs wie *Cathy Come Home* »unrealistisch«, selbst unrealistisch sein mögen: 1984 lebten in Amerika 832602 Millionäre bei einer Zuwachsrate von 9 Prozent im Jahr. Der Amerikanische Traum ist darum noch so übermächtig und schwer zu dämpfen, weil er für so viele tatsächlich in Erfüllung geht) mit seidig manikürtem Finger auf das harte Los und schmähliche Scheitern der irrealen Armen zeigen. Das ist die zuverlässigste Stütze der Untoten, besser noch als Barbiturate auf Rezept.

Wie bei der Prostitution – mit der sie viel gemeinsam hat (Flucht aus dem echten Leben, vor echten Menschen und echter Verantwortung, Einbahnverkehr, Bezahlung, Parodie: Wie gekaufter Sex hat gekauftes Amüsement etwas Trauriges und Fremdes. WARUM kann man es nicht mit Freunden machen? Warum kann man es nicht umsonst bekommen? Was stimmt nicht mit ihnen? Was stimmt mit DIR nicht? Der Unterhaltung wegen zu Leuten zu gehen, die man nicht kennt, ist ebenso unlogisch, wie sich Sex bei Leuten zu holen, die man nicht kennt. Kein Wunder, daß sich so viele Prostituierte »Schauspielerin« nennen.) – bestimmt eher die Nachfrage nach Unterhaltung das Angebot als umgekehrt. Das vielschnäblige Monster Publikum ist in Gelddingen so herrisch wie emotional sklavisch, und die Entertainment-Lieferanten haben ihren Kreativ-Stoff nach seinen Launen zuzuschneiden. Seit das Fernsehen seinen Siegeszug antrat und Unterhaltung in der privaten Gummizelle anstatt zu festgelegter Zeit an festgelegtem Ort ermöglichte, haben tausende Kinos und Studios schließen müssen, und weitere sterben an Video, der endgültigen, anarchischen Kinderkrankheit der Unterhaltungsbranche, neben der selbst Fernsehen wie ein unerträgliches Gängelband wirkt – ich zieh mir Softpornos und Hardcorehorror rein, bis es mir hochkommt, bis ich Schreikrämpfe hab, ja, und?! Mr. Zadora pumpt Geld in Mrs. Zadora, als sei sie ein exotischer verstaatlichter Industriezweig, aber es gibt keinerlei Anzeichen dafür, daß Pias mangelnde Zugkraft endlich ins Gegenteil umschlägt. *Dallas,* von leicht erregbaren linken Jüngsten-Gerichts-Dienern gerne als *das* Symbol amerikanischen Kulturimperialismus zitiert – all die Hitlers in *Halstons* und Simon Legrees in *Stetsons* –, hat den fimschigen, hausgemachten Soap Operas Englands, Japans und weiter Teile Südamerikas in den Heimatländern nicht den Rang ablaufen können – ungeachtet der Tatsache, daß Victoria Principals Pediküre mehr verdient als der ganze Stab von

Crossroads zusammen, ungeachtet der Tatsache, daß das landeseigene Produkt unweigerlich um häßlichere Schauspieler und einen ein Stück Schrank, ein Stück Küchentisch und (falls lieferbar) zwei Zierdeckchen umfassenden Set herumkomponiert ist. (Wie Brian Case einst über *Crossroads* sagte: »Immer sitzen alle im Bademantel rum, trinken Kakao und machen alles madig.«) Dennoch werden sie vorgezogen – weil sie nicht so offensichtlich fremdländische Scheinwelten zeigen wie *Dallas*, weil man sich leichter einfinden und alles für bare Klatsch- und Katechismusmünze nehmen kann. Sie sind glaubhafter und pflegeleichter. Als man die altgediente Heldin Meg Richardson von langem Leiden erlöste und aus dem Drehbuch von *Crossroads* schrieb, wurde den Verantwortlichen mit Mord gedroht, und als die Schauspielerin Noele Gordon einige Monate später starb, beschuldigte man sie des »Mordes an Meg«. Nach dem Mord am Karottenkopf, Kommandeur von *Crossditz*, und dem Versuch, durch Import eines Schwungs hartgesottener, zartgebräunter Karrierefrauen eine Art *Dallas* zustande zu bringen, verlor *Crossroads* an die 4 Mio. Zuschauer, aber im Herbst '85 hatten, trotz der nicht enden wollenden Nörgelei über den Anteil »Amerikanischen Mülls« in britischen Fernsehprogrammen, fünfzehn britische Sendungen die höchsten Einschaltquoten, neun davon Soap Operas. Das vielschnäblige Monster mag wenig von Kunst verstehen, aber es weiß, was es will – und was es will, ist, was es kriegt.

Der Entertainer hat bessere Karten als opferbereiter Junglöwe als als Instrument sozialer Kontrolle, als flüchtig gefeierter Underdog denn als schmucker Übermensch. Man könnte sich mit der Idee vom Entertainment als Reaganscher Scheuklappe eher anfreunden, gefielen sich die Hauptglamourträger Hollywoods nicht immer noch in liberalen Posen, wie sie es seit je her taten. Die meisten Entertainment-Millionäre scheinen ein wesentlich ausgeprägteres soziales

Gewissen zu haben als der durchschnittliche kleine Mann. Rambos kommen und gehen, aber es scheint, als blieben Robert Redfords und Raquel Welchs bestehen. Nur Charlton Heston und die Osmonds zeigen sich bei Reagan-Kampagnen, nicht gerade die begehrtesten Exportartikel der VR Burbank.

Die Anhänger der Verschwörungstheorie könnten auch als Punkt für sich verbuchen, Ruhm sei der Käse in der Mausefalle des Kapitalismus, würde sich Ruhm wirklich als Antwort auf alle Gebete darstellen – aber Scheidungen, Depressionen und frühes Hinscheiden der Spitzenerzeugnisse aus Prominenz-Mühlen sind eine Industrie für sich.

Wahrscheinlich haben die meisten Menschen mehr Filme über das traurige Leben und Sterben der AM RUHM ZUGRUNDE GEGANGENEN Marilyn Monroe gesehen – daran starb sie natürlich ebensowenig, wie eine beliebige jungverheiratete Hausfrau, die mit Anfang dreißig eine Überdosis Schlaftabletten nimmt, AN ANONYMITÄT STIRBT – als Filme mit Marilyn Monroe in der Hauptrolle. Eine Prominenten-Hochzeit mag nette Schlagzeilen für einen Morgen abgeben, aber eine Prominenten-Scheidung wird vielleicht zum Hundert-Tage-Krieg – genau die Frischzellenkur, die der Zeitschriftenhändler sich verschreibt. Man kann, ohne unfair zu sein, sagen, daß sich Zivilisten am *Leid* Prominenter weit mehr ergötzen als an ihren Triumphen: Wahrscheinlich ist es gerade die Kombination von Blutdurst und Anbetung, zwei blinden, schicksalhaften, dunklen Mächten, die Starkult zu einer so packenden Religion macht. Nicht einen Sohn, einen Star sollst Du mir töten, spricht der Juke-Box-Jehova.

Außerdem triumphiert der Außenseiter, Wirrkopf, Idealist oder bis auf die Knochen miese Bastard als Held so vieler amerikanischer Unterhaltungserzeugnisse, daß man diesen Vorgang wohl kaum als unlautere Werbung für den American Way anprangern kann. Hollywood hat den Außenseiter so oft glorifiziert – linke wie rechte, in laufender Folge bis hinunter zu Rambo, der schließlich auch ständig mit den großen Tieren im Heimatland über Kreuz ist – daß sich Oskar-Nominierungen oft wie die Gästeliste zum Wirrkopf-Kongreß lesen.

In den Sechzigern demonstrierten die Koks-Kommunisten – würdige Nachfolger der Staatskarossen-Liberalen –, wie weit jenseits des Mainstream und wie weit entfernt vom Durchschnittsmenschen (dem Filmfan) sie standen und produzierten einen Rattenschwanz von Filmen, deren Helden grausame Psychopathen waren. Daß brutale Verbrecher *keine* Rebellen sind, sondern ein Zerrbild der Polizeigewalt in ärmlicheren Gemeinden (vor der Menschen die Tür verriegeln, sich im Haus verkriechen und in Angst leben), war zu hoch für die Schwarmgeister; man kann leicht Kriminelle seligsprechen, wenn man Bodyguards hat. Diese Manie gipfelte schließlich in *Bonnie and Clyde*, der aus zwei abgrundtief widerlichen viehischen 18fachen Mördern des Jahres 1934 zwei redliche Beautiful People von 1967 machte. »Sie waren jung, sie waren schön, und sie brachten Menschen um« lautete der Werbeslogan.

Es wäre interessant zu wissen, ob die Manson Gang von Death Valley (gelegentliche Gäste bei Parties der Gossen- und Gesellschaftsspitzen im Hollywood der Sechziger) den Film gesehen, den Slogan gehört und sich selbst in diesem Licht gesehen hat, als sie im letzten Sommer der Sechziger die junge Filmschauspielerin Sharon Tate Polanski und sechs weitere Menschen umbrachte. Häßlicher als Bonnie und Clyde waren sie bestimmt nicht, wenn auch durch und durch abstoßend. Genaugenommen waren sie *nicht halb so schlimm* – nur sieben Tote gegen achtzehn. Trotzdem würde kein Film es wagen, sie als sensible, Gedichte schreibende junge Schönlinge zu zeichnen – von Mark Chapman ganz zu schweigen –, und täte es doch einer, wären Warren Beatty und Konsorten peinlich berührt. Bonnie und Clyde nämlich (selbst ihren Namen gab man einen vertrauenerweckenden Touch, der mehr nach groovy jungverheirateten Sixties-Turteltäubchen klang: Bonnie und Clyde und Sonny und Cher) mordeten *einfache Menschen*, Film*fans*, Sharon Tate hingegen war ein ECHTER MENSCH, eine von *ihnen*, wertvoll. Nach den Tate-Morden ließ der Enthusiasmus der Hollywoodbrut, das Vermächtnis widerlicher Psycho-Killer der amerikanischen Folklore zu würdigen, merklich nach, und Mitte der Siebziger gefiel es eben jenen Koks-Kommunisten mit dem Slogan *»Don't buy books by crooks«* gegen die Post-Watergate-Autobiographie Richard Nixons ins Feld zu ziehen. Aber sie hatten sich seit Jahren etwas viel übleres andrehen lassen – das süße Bild des Mörders von sich selbst.

Das Verhältnis des Fans zum Star ist zweischneidig, eine Mischung aus Liebe und Haß, das des Stars zum Fan weniger. Normalerweise ist es bestimmt von Furcht und Geringschätzung in wechselnder Dosierung. Man nimmt als gegeben hin, daß sich Stars nur mit anderen Stars anfreunden, üblicherweise mit dem entschuldigenden Hinweis, daß Durchschnittsmenschen einen nur für das kennenlernen wollen würden, *was* man ist, und nicht weil sie interessiert, *wer* man ist. Allein diese schmeichlerisch angetragene und geschmeichelt akzeptierte Rechtfertigung legt Abgründe von Menschenfeindlichkeit und Paranoia offen; hier spricht der Star selbst das Urteil über sich, ohne daß man noch tief in der zugegeben seichten Starpsyche schürfen müßte. Ein anderer uneingestandener Grund ist, daß sich Stars selbst gerne als die größten Groupies überhaupt geben: Man beachte, wie schamlos alternde Filmstars der Dreißiger sich zusammenrotten, um jungen farbigen Sängern unserer Tage Tribut zu zollen, wie sie denen die Füße lecken und die Stiefel küssen, die eben erst – wenn auch durch Ruhm – dem Los entronnen sind, ihnen die Schuhe putzen zu müssen. Obgleich es in betrüb-

lichem Widerspruch zum Mythos von der glücklichen Menschheit steht, in der 99 Prozent leben, um unterhalten zu werden, und 1 Prozent, um zu unterhalten (und ein für beide Seiten akzeptables Arrangement, tausend Dank auch, Mrs. Sharp) blicken Stars tatsächlich auf die herab, die weder berühmt geboren wurden noch Ruhm errangen, noch mit Ruhm behangen wurden. Prominenz ist ein Geblüt jenseits aller Glaubens- und Rassenschranken. Sammy Davis jr. hat weniger mit dem schwarzen Pförtner gemein, der aus der selben Straße stammt, als mit John Wayne, Jane Fonda weniger mit der schlechtbezahlten Gewerkschafterin vom Mississippi. Den Sonder-Oscar für Verdienste um die Filmindustrie überreichte sie dem sterbenden Il Duke inclusive Verlorener-Commie-Lächeln und erstickter Schluchzer, Prinzipien und Politik ade. Blut ist schließlich dicker als Napalm. Prominenz lebt in der Grauzone jenseits von Hautfarbe, Klasse, Glaubensbekenntnis, Schein, Sein und Berufsbild; so watschelt z. B. Henry Kissinger als er selbst durch eine *Denver*-Folge – »Wenn das nicht Henry ist«, schmunzelt Joan Collins' Alexis, »wir haben uns seit Portofino nicht gesehen« – und alles scheint so selbstverständlich, wie Kambodscha zu bombardieren, weil man Krieg mit Vietnam führt.
Prominenz heiratet Prominenz, gebiert Prominenz und leidet, wie jede inzüchtige Rasse, an akuter Xenophobie. Nicht-Prominente gleichen für sie einem wimmelnden Ameisenhaufen (wenn auch kein uneleganteres Gewimmel vorstellbar ist als das Spektakel, in dem sich Showbiz-Kids um *die* Rolle, *jene* Auszeichnung oder um ganz allgemein *ihren Schnitt zu machen* rangeln), dem sie selbst um Perückenhaaresbreite entkommen konnten. Sie lehnen Nicht-Prominente ab, weil gefeierte Persönlichkeiten so gut wie niemals die Hätschelkinder der High Schools waren (jeder kennt die Schnappschüsse aus der Schulzeit berühmter Schönheiten von Garbo bis Raquel, die die junge Göttin mit Doppelkinn, Brille und

gehetztem Blick zeigen) und viele lange heiße Schulferien-Schlafzimmer-Langweiler-Sommer Zeit hatten, ihren Haß auf anmaßende Zeitgenossen zu nähren, durch ungeteilte Aufmerksamkeit und Geduld aufzupäppeln wie einen verwaisten Welpen. Und sie mögen die sogenannte »Menschlichkeit« nicht, die von oben gesehen wirklich kein hübscher Anblick ist, ein Monster aus sabbernden Mäulern, neugierigen Augen und grapschenden Händen, das seinen gähnenden Schlund unter ihnen öffnet, abscheulich, wie ein Mischling aus Voyeur und Feigling nur sein kann, gerade mutig genug, DICH anzuschreien, endlich aufs Hochseil zu steigen und den Ringrichter zu bedrängen, das Netz zu entfernen, um den unerläßlichen KITZEL noch zu steigern. Als Elizabeth Taylor Mike Todd zu Grabe trug, drängten sich Fans Popcorn knabbernd auf den Grabsteinen, als säßen sie im neuesten Liz-Taylor-Film. Daß sie angesichts dessen hysterisch wurde, las sich in der Presse, als sei sie es gewesen, die sich daneben benommen hatte.

»Vom Performer«, sagt Michael Jackson, »verlangen die Leute alles. Einer fragte mich vor allen anderen: ›Gehen Sie auch aufs Klo?‹ Es war mir so peinlich, daß ich keine Antwort wußte. Normalen Leuten gegenüber bin ich oft meiner selbst nicht sicher. Ich stelle mir den Durchschnittsmenschen immer als jemanden vor, der auf mich zustürzt und versucht, mir die Kleider zu zerreißen.« (Was seine Liebsten, wäre Mr. Jackson ein ganz normaler junger Mann, natürlich auch machen würden.) »Dieses Leben ist mir ganz fremd.« Manche Stars werden so neurotisch wie ihre Fans (Toni Schailer [ein Status Quo-Fan] in *Smash Hits*: »Wenn ich Probleme habe, spreche ich mit Francis Rossi, als wäre er im selben Raum. Mittlerweile sind sie einfach mein Leben. Meinen Job zu verlieren würde mir nichts ausmachen. Solange es Status Quo gibt, hat es immer einen Sinn weiterzuleben. Ich habe Francis Rossi mal getroffen... er gab mir die Hand, und mir traten die Tränen in die Augen. Er sagte: ›Alles klar, Junge, laß' gut sein.‹ Das war der schönste Moment meines ganzen Lebens.«), waschen sich zwanghaft nach dem Bad in der Menge, reden sich ein, die Kameras versuchten, »ihnen ihr Gesicht zu stehlen« (was durchaus zutreffen kann). Sie sind besessen von dem Gedanken, daß die Fans »etwas von ihnen wollen«. Vielleicht tun sie das, die sensiblen kleinen Künstler aber vergessen gerne, daß auch sie etwas von den Fans wollen: jeden roten Heller, den sie kriegen können. Und wer auszieht, den Leuten ihr Geld zu nehmen, im Guten oder Bösen, mit Brechstange oder Boulevardkomödie, wer antritt, den Leuten genau das zu nehmen, das sie davor bewahrt, als Menschenmüll auf der Straße zu enden, wer sich selbst als mindestens so lebenswichtig wie Nahrung und ein Dach über dem Kopf anpreist, muß mit extremen Reaktionen der anderen Seite rechnen. Wer etwas so Wichtiges wie Geld will, muß etwas so Wichtiges wie sich selbst einsetzen.

Die Geschichte Amerikas ist eigentlich die Geschichte einer ununterbrochenen Abfolge seltsamer Charismatiker, denen man fast ohne zu zögern den Jagdschein ausstellen würde, von Semple McPherson zu McArthur zu McCarthy bis Moon, die sich die Gefolgschaft einzelner Gruppen der amerikanischen Gesellschaft (wie es dieser Gesellschaft entspricht teils winzige, teils riesige, manchmal ganze Staaten und Generationen) sichern konnten. Ich bezweifle, daß die »amerikanische Gesellschaft« als solche existiert; in einem derart ins Kraut schießenden, ungeordneten und zersiedelten Land wie den jungen USA prägte der Kult um das Individuum die Menschen so entscheidend, daß sie von sich selbst nicht als Angehörigen nicht-amerikanischer Volksgruppen denken mögen, sondern sich für amerikanische Originalerzeugnisse halten, einzigartig und unwiederbringlich wie Schneeflocken – im Gegensatz zu Völkern anderer Nationen, gesichtslosen Schemen, Wesen, die es zu unterwerfen und, sind sie nicht

willig, zu töten gilt. Solche künstlich individualisierten Menschen sind weit anfälliger für den Lockruf des Gurus, des Götzenbilds, der Millionen letzter Rettungen als die Völker jeder gewachsenen Gesellschaft mit einer langen Tradition von Volksaufständen und Massenbewegungen – in den Augen der Amerikaner die *Schwarze Masse*, der das Individuum mit dem Heiligenschein heimleuchtet. Amerikas hysterischem Antikommunismus liegt auch keine reale Furcht vor brutaler Unterdrückung zugrunde – sondern die panische Angst, nicht mehr das bedruckte T-Shirt eigener Wahl tragen zu können, nicht mehr das buchstäblich einzig zählende Individuum sein zu können. Diese ganz spezielle Allein-heit, das Zurückschrecken vor jeder natürlichen, historischen, politischen Gruppierung, während selbst auferlegte, jeder Logik entbehrende Zusammenschlüsse – sei es Fan Club oder Manson Family – mannigfach und manisch sprießen, ist ein weiterer unnützer amerikanischer Exportartikel für eine kurzatmige hirnlose weiße Welt.
Entertainment dagegen ist das kleinste Übel des modernen Amerika. Wenn der Mensch Helden verehren muß, soll er lieber Madonna als McCarthy anbeten, wenn er Zerstreuung sucht, dann besser bei *MTV* als bei Bärenjagd. Gönnt den Menschen der amerikanisch-sprechenden Welt, deren Ohnmacht sie genauso apathisch gemacht hat wie Armut ihre Vorfahren in der Alten Welt, das Vergnügen an den Dingen, die ihrer Macht unterliegen – Trends, Hobbys, ENTERTAINMENT. Laßt doch politische Entscheidungsfindung von echter Ursache und Wirkung zum Passivsport verkommen, dem Schauspieler und Cowboys frönen, während die Wahlbeteiligung sinkt und parapolitische Unterhaltung – *Rambo 19* – Zulauf hat. Warum sollen afrikanische Dörfer nicht weiterhin Kassettenrecorder bekommen, ehe sie fließend Wasser haben – wen stört's? Mit Sicherheit nicht die Einwohner der weißen Welt des zwanzigsten Jahrhunderts, deren Leben sich nicht in

den Errungenschaften der geliebten Nächsten, sondern in fernen Stars, Symbolen, Scheinproblemen und kulturellen Nebensächlichkeiten spiegelt; und wo Fortschritt wirklich und endgültig zum Stillstand gekommen ist, bleibt nur Zerstreuung.

Nur ein Spiel *(Only a Game)*

England erfand Torville und Dean, weil man von Charles und Diana nicht allen Ernstes erwarten konnte, jedes Jahr zu heiraten. Jayne und Christopher sind ein perfekter Ersatz für das andere liebenswerte Komikerduo, Spencer und Windsor – die britisch-sexfreie Liebesgeschichte, die (hoffentlich) die Herzensbindungen an den Rest der Welt in einem Altweiberdutt festschlingt, und Johnny Fremdling den schlagenden Beweis liefert, daß »wir« immer noch die erste Adresse sind, wenn es gilt, die große Show abzuziehen und unnötige Umstände zu machen. Beide Duos belebten das sentimentale Strebertum, dessen Bedeutung für den großbritischen Charakter so häufig verkannt wird. Da war es nur folgerichtig, daß die Einwohner dieser Inseln die Gelegenheit beim kollektiven Schopfe packten, die königlichen Hoheiten Prinz und Prinzessin von Nottingham zu Königen zu krönen, denn Eiskunstlauf mit seiner minutiös durchkonzipierten Choreographie, den farbenfrohen Phantasiekostümen und einem Bewegungsablauf, der sich im Beschreiben offensichtlich sinnloser, gleichförmiger Zirkel erschöpft – das ist mehr »Trooping the Colour« als ein Sport. Es gibt zwischen den Gegnern keinen Blickkontakt, die Wertung ist durchaus subjektiv, Schönheit und Punkte für künstlerischen Ausdruck liegen im Ermessen des Beobachters.

Das kann man kaum noch Sport nennen. Daraus resultiert seine augenblickliche Popularität. Kaum einen Sport, der seit dem Krieg an Popularität gewonnen hat, kann man noch als Sport bezeichnen. Genau wie der Niedergang traditioneller Industriezweige wie Stahl, Werften, Bergbau in modernen Zeiten unaufhaltsam fortschreitet, rutschen die traditionellen Sportarten auf den Schrottplatz der Geschichte ab.

Was das Mikrochip für die Industrie ist, ist Snooker-Billard für die Welt des Sports – überspannt modisch, substanzlos, das, was die Zukunft bringen wird, ob Du es nun frißt oder stirbst. Das reglose Melodram der Passivsportarten – Snooker, Darts – ist maßgeschneidert fürs Fernsehen, das Medium, dem der Passivsport sogar noch mehr verdankt als der Firma Benson & Hedges.

Als logische Folge des Aufstiegs der Sportarten, die mit Sport nur noch wenig zu tun haben, ist ein dramatisch erhöhtes Vorkommen von Sportlern zu verzeichnen, die mit dem, was man sich gemeinhin unter einem Sportler vorstellte, keinerlei Ähnlichkeiten mehr aufweisen. Es ist unmöglich, Passivsport zu verfolgen, ohne beim Anblick eines ausdruckslosen Fleischbergs mit einem Dartpfeil in der einen und einem Eimer Ale in der anderen Hand oder beim Anblick eines Snooker spielenden Schmierlappens, der qualmt wie in einem Werbespot für Lungenkrebs und zwischen zwei roten Bällen seine gierige Schnauze in einen Trog Wodka tunkt, von Ekelwelle über Ekelwelle geschüttelt zu werden.

Aber nicht nur Passivsport wird von Leuten bevölkert, die nicht eben Idealbesetzungen sind. American Football kann sich kaum retten vor Männern, die aussehen, als sei ihr natürlicher Lebensraum eine Rummelplatz-Schaubude – und durch den steigenden *Human-Growth-Hormone*-Mißbrauch unter Sportlern wird der Auftritt der Rummelplatz-Attraktion für viele bald der letzte Job sein, der ihnen bleibt.

American Football-Spieler verfallen wie aufgegebene Festungswälle. Sie bauen ihre Muskeln mit einem illegalen Präparat, HGH, auf, das die Muskeln zu so gigantischen Proportionen aufbläht, daß die Knochen bei einem schweren Sturz buchstäblich unter der Last zusammenbrechen. »Wir verzeichnen einen signifikanten Anstieg ernstlicher Knie-, Knöchel- und Ellbogenverletzungen im Football«, sagt Dr. Eugene Luckstead von der Amerikanischen Akademie für Kinderheilkunde. »Viele dieser Verletzungen werden vertuscht. Keiner führt noch darüber Buch.« Mit HGH kann ein Sportler bis zu fünfundzwanzig Kilogramm an Gewicht zulegen, ohne auch nur einen Zentimeter mehr auf der Taille zu haben. Und das zum Preise von eintausend Doller für die sechs- bis zehnwöchige Behandlung – im Vergleich zu den Unsummen, die im American Football zu verdienen sind, eine unbedeutende Investition. Der bei der Autopsie aus der Hirnanhangdrüse entnommene Extrakt erweitert nicht nur den Bizeps, sondern regt auch die Leber an, die molekulare Botschaft »WACHSE!« an fast jede Zelle des Körpers zu schikken. Bei Überdosierung verursacht HGH Akromegalie, eine allein durch Hypophysenüberfunktion bedingte Krankheit, die Riesenwuchs der Knochen, insbesondere der von Händen, Füßen, Kiefer und Schädel zur Folge hat, dessen Folge wiederum das ist, was man in American Football-Kreisen als »Frankenstein Look« kennt.

Robert Goldmann, Spezialist für Sportmedizin und Autor von »*Death In The Locker Room*«: »Human Growth Hormone ist die Droge der Zukunft. Im Moment ist HGH noch rar und teuer. Es wird zur Behandlung von Kindern mit Hormondefizit eingesetzt, die es brauchen, um zu normaler Größe heranzuwachsen. *Das Abscheulichste am HGH-Schwarzmarkt ist, daß voll ausgewachsene Athleten von diesen Kindern stehlen.* Dank jüngster wissenschaftlicher Erkenntnisse läßt sich die Droge jetzt künstlich im Labor herstellen und wird wahrscheinlich nächstes Jahr auf den Markt kommen. Ich nehme an, das wird einen Preissturz wie z. B.

bei Taschenrechnern zur Folge haben. Wenn es dazu kommt, werden Athleten sich darauf stürzen, denn bei vielen ist es zu einer echten Manie geworden.«

Laut Goldmann rührt die HGH-Manie daher, daß ein Athlet im Profisport nur unerheblich größer und stärker als sein Gegner sein muß, um zu gewinnen. Ein Vorteil von nur drei Prozent Körperkraft kann bei einem Gewichtheber den Ausschlag für olympisches Gold oder Silber geben. Wenn ein ganzes Fußballteam mit HGH behandelt ist, hat es, so Goldmann, einen überwältigenden Vorteil von zehn Prozent gegenüber einem nicht mit HGH behandelten Team. In einer Umfrage unter zweihundert Profisportlern beantworteten über fünfzig Prozent die Frage »Wenn es eine magische Droge gäbe, die Sie jeden Wettkampf gewinnen läßt, aber nach fünf Jahren tötet – würden Sie sie nehmen?« rundweg positiv. »Dieses Beispiel legt die Vermutung nahe, daß Sportler alles tun würden, um zu gewinnen«, sagt Mr. Goldmann, »besonders, wenn sie Teamsport mit goldenem Boden betreiben. Manche Basketball- und Footballspieler verdienen bis zu einer Million Dollar im Jahr, und in vielen Sportarten verdient selbst der durchschnittliche Mannschaftsspieler nicht unter hunderttausend Dollar im Jahr.«

Der Sportmediziner Dr. Arnold Mandell berichtet, daß der Amphetaminmißbrauch im American Football so verbreitet ist, weil Trainer der Theorie anhängen, in diesem Sport sei man in einem Zustand kontrollierter Wut am erfolgreichsten. »Wenn es um Sieg oder Niederlage geht«, sagt Mr. Goldmann, »wird ein Trainer jedem Spieler jede Droge geben.«

Gerade rechtzeitig zu den Olympischen Spielen in Los Angeles veröffentlichte eine Gruppe kalifornischer Bodybuilder das *Underground Steroid Handbook For Men And Women*: Es behandelt detailliert Wirkung, Dosierung und Nebenwirkung (wie Bärte bei Mädchen oder den besagten

Frankenstein-Look) illegaler Drogen und die Beschaffung indizierter Drogen.
Die Botschaft der Autoren ist unmißverständlich: Sieg durch Drogen. Zum Thema HGH blökt es einen an: »Wow, das ist geiles Zeug! Die einzige Droge, die schlechte Erbanlagen ausgleicht, wie sie auch das Wachstum von jedermann fördert. Wer es anwendet, kann mit einem Muskelzuwachs von dreißig bis vierzig Pfund rechnen, wenn er es schafft, pro Tag zehntausend Kalorien zu sich zu nehmen. Natürlich gibt es auch ein paar Nebenwirkungen. Es kann Kinn, Füße und Hände verlängern und unter Umständen Diabetes bei Teenagern auslösen. Wir haben gehört, daß ein Gewichtheber unter HGH einen Herzschlag erlitten hat. Es ist das kitzligste Glücksspiel, daß der Athlet spielen kann, weil die Nebenwirkungen unkorrigierbar sind. Aber trotzdem STEHEN wir auf das Zeug!«
Nicht nur Weltklasseathleten, die nach dem Gold greifen – sei es in Medaillen - oder Münzform – nehmen groteske, irreparable und manchmal tödliche Schädigungen ihres Körpers in Kauf. Wir leben im Zeitalter des Amateurwracks. Am meisten gefährdet sind die Alten, Untrainierten und, im Gegensatz dazu, die Jungen und Begabten. Ein talentiertes Kind drängt – oder wahrscheinlicher, wird von Eltern und Trainer gedrängt – nach Perfektion und endet mit bleibenden Schäden und der Suche nach Aushilfsjobs. Ein Amateursportler in der Midlife Crisis strampelt und schwitzt hinter dem heiligen Gral ewiger Jugend her, um die nächsten Verwandten die Früchte seiner Lebensversicherung ernten zu lassen.
In den Fünfzigern herrschte die Meinung vor, Körperertüchtigung könne nur guttun – niemand hatte ahnen können, daß eines Tages bei Kinderturnerinnen Osteochondritis – ein bleibender Rückenschaden durch Überbelastung der Wirbelsäule – auftreten würde oder schweineköpfige Männer in den besten Jahren vorzeitig in ihr schlankes Grab joggen würden.

Niemand hat diesen Tag vorhersehen können, aber nun – in Tennis, Schwimmsport oder Leichtathletik, bei elfjährigen Ex-Turnerinnen mit Bandscheibenschaden, Fußballteenagern, die nie ins Profilager aufsteigen, weil sie an Morbus Schlatter, einer Verschleißerscheinung des Knies, leiden, vier Marathon-Toten allein in England im letzten Jahr und dutzenden tödlichen Herzattacken auf dem Squashfeld – ist es soweit. Im Zeitalter von Tod und Verkrüppelung für alle nehmen sogar Amateure den Sport todernst. Die Zeiten, in denen Dabeisein alles war, liegen weit zurück.

Daß Sport der Gesundheit abträglich ist, ist nur Sportsmännern mit Amateurstatus neu – Profiboxer haben natürlich seit über hundert Jahren ihren Lebensunterhalt damit verdient, sich zu lebenden Leichen schlagen zu lassen, wenn es auch, ironisch genug, seit dem Verbot, mit nackten Fäusten zu kämpfen, schlimmer ist denn je. Der Boxsport, zweimal an die Schwelle zur Bedeutungslosigkeit abgerutscht, kennt zwei Erlöser – den Marquis von Queensbury in den 1860ern und ein Jahrhundert später Cassius Clay. Der Marquis rettete den Sport vor der Ächtung, und Muhammad Ali bewahrte ihn davor, über alle menschliche Duldsamkeit hinaus langweilig zu werden. Daß Mr. Ali, wenn er auch nicht gestorben ist, heute trotzdem kaum noch lebt, darf man direkt dem Marquis anlasten. Denn seit der Marquis von Queensbury 1867 sein gefeiertes Regelwerk verfaßte – zu einer Zeit, da der Boxsport wegen der blutigen Schlachten mit blanker Faust ernstlich Gefahr lief, verboten zu werden – tragen Boxer Handschuhe. Wenn durch Boxhandschuhe auch die Wahrscheinlichkeit, daß ein Boxkampf zum Metzelvideo voll spritzendem Blut und farbenprächtigen Beulen ausartet, weitgehend reduziert wurde, haben Handschuhe doch nicht nur ein Verbot des Boxsports abgewendet, sondern den Sport auch zu dem gemacht, was er heute ist – der schnellste Weg zur Hirnerweichung.

Denn Boxhandschuhe, mögen sie auch dem geschundenen Körper oberflächliche Verletzungen weitgehend ersparen, haben nicht die Aufgabe, den Kopf des geschlagenen Mannes zu schützen, sondern die Fäuste des Schlagenden. In den Zeiten der Kämpfe mit nackten Fäusten waren Knockouts die Ausnahme – heute sind sie alltäglich. Handschuhe sind nichts anderes als Waffen, die die Gefahr einer Hirnschädigung erhöhen. Mr. Ali – der größte Boxer aller Zeiten und ein Sportsmann, der einen besseren Sport als Boxen verdient hatte – kann sich beim Marquis von Queensbury für sein herzzerreißend nachlassendes Denkvermögen und seine verwischte, stolpernde Sprache bedanken. Noch vor Ablauf dieses Jahrhunderts wird sich der Boxsport auf seine blanken Fäuste besinnen oder verboten werden müssen – wobei eine Rückkehr zu blanken Fäusten natürlich das Verbot nach sich ziehen würde.

Das vielleicht schlagendste Argument gegen den Boxsport ist das Publikum, das er anzieht. Keine jungen Leute – die sind allezusehr damit beschäftigt, sich in einer kriegerischen *Kunst* zu üben oder sich die Zehennägel zu lackieren. Wenige Schwarze (außerhalb des Rings). Keine empfindsamen Mädchen, nur mittelalte leichte Mädchen, die alle aussehen wie Miss Thames TV von 1957. Der *Lärm*, der aus diesen armseligen Kehlen aufsteigt, läßt vermuten, daß der Boxsport auch im Hirn des Besuchers verheerenden Schaden anrichtet. Kein halbherziges Zugeständnis – etwa daumenlose Handschuhe, gewissenhafte Ärztekommissionen, die sich nicht scheuen, einem Boxer die Lizenz zu entziehen, Schiedsrichter, die es *nicht* für ihre erste Pflicht halten, dem Publikum für sein Geld etwas zu bieten – kann jemals den masturbatorischen Sadismus vergessen machen, der aus dem Lärmen des Kampfpublikums spricht, der dröhnendste Frohsinn, mit dem unsere Hooray Henrys für Katzenfutter werben, kann diesen Sound nicht übertönen.

Was Boxen letztendlich von allen anderen Sportarten unter

scheidet ist, daß *niemand, der irgendeine andere Chance hat, sich fürs Boxen entscheiden würde.* Junge Technokraten werden Läufer, und Jungs mit einem Abschluß in Russisch spielen lieber für die *Spurs*, aber niemand, der etwas anderes kann als Boxen, wird boxen. (Die *Rocky*-Saga hausierte mit dem Altweltmythos, daß ein armer Junge von der falschen Straßenseite nur in Richtung Verbrechen oder Boxen den Durchbruch schaffen kann. Keine der beiden Möglichkeiten würde in der modernen Welt als YOP-Schema durchgehen – erstere bringt Dir eine Kugel im Brustbein ein, weil Du mit Spielzeug-Luger ein Vorstadtpostamt betrittst, und letztere weicht Dein Hirn auf, ehe Du das erste graue Haar hast. Selbst für den dumpfsten Asi sind beide Aussichten nicht eben das gelobte Land. Nein, ein junger Mann, dessen erste Million noch eine weiße Stelle auf seinem Konto ist, sollte besser vergessen, sich seinen Weg an die Spitze kämpfen zu wollen – und sich statt dessen auf seine *Toches* setzen und ein Drehbuch raushauen, während seine Frau beide als Platzanweiserin durchzieht.
So wie es Rocky gemacht hat...
Während der Heimsuchungen des Rocky gewann unser Held sein Mädchen und verlor sein Mädchen, gewann die Weltmeisterschaft und verlor die Weltmeisterschaft, fand das Glück und verlor das Glück, kurz, gewann und verlor alles, außer einem Hirnschaden, und das war alles sehr rührend. Aber der sogenannte Italian Stallion machte *sein* dickes Geld mit Schauspielen, Schreiben und Regieführen, vielleicht den drei körperlich am wenigsten anstrengenden Tätigkeiten, die die Menschheit kennt – während er das Feuer schürte, auf dem er die altehrwürdigen Kamellen kochte: Wenn ein armer Junge sich verbessern will, braucht er dazu eine eiserne und eine stählerne Faust. Was hätte Mr. Stallone davon gehalten, wenn ihm während der mageren Jahre, in denen er zu Haus auf seinem derben, überentwickelten Hintern saß, ein Wohlmeinender den guten Tip gegeben hätte, der Weg aus dem Sozial-

wohnungsleben führe mit Boxhandschuhen in den Ring? Zur Zeit von *Rocky* war das Kampfspiel am schönsten als gefühlsduselige Erinnerung, als weiteres sentimentales Fädchen im prachtvollen Gobelin der Traumfabrik.
Neapel ist eine der ärmsten Städte Europas, mit einer Million Arbeitslosen. Im Sommer 1984 läuteten die Kirchenglocken die ganze Nacht, und Feuerwerk erhellte den Himmel. In Szenen, die von Beobachtern als hysterischer als am Unabhängigkeitstag, bei Italiens Weltcupsieg und dem Papstbesuch zusammen – zusammen! – beschrieben wurden, entzündeten die Menschen Fackeln, sprangen ins Meer, tanzten bis zum Morgen, um dann in den Dankgottesdienst zu gehen. Denn nach vierunddreißigtägigen Verhandlungen war Diego Maradona, 1,65 großer dreiundzwanzigjähriger Argentinier, vormals Argentinos Juniors in Buenos Aires und dann in Barcelona, der unbestritten beste Fußballer der Welt, für eine Transfersumme von fünf Millionen Pfund, die ein Zusammenschluß italienischer Banken aufgebracht hatte, auf dem Weg nach Neapel. Straßenhändler verkauften Maradona-Süßigkeiten, Maradona-Devotionalien und Maradona-Würstchen. Unter Freudentränen zeigten die Italiener den Straßenhändlern die Farbe ihrer Lira.
Maradona war genauso aus dem Häuschen. Mit dem Dreijahresvertrag mit Napoli hatte er alles in der Tasche außer den Malediven – 740 000 Pfund im Jahr plus fünfzehn Prozent der fünf Millionen Transfergeld, eine Villa, ein Auto (und ein Auto für seine Freundin), eine Beteiligung an den Einnahmen aus Napolis Heimspielen, fünfzehn Erste Klasse-Rückflugtickets pro Jahr, um den alten Herrschaften daheim in B A einen Besuch abzustatten, plus der Zusage Napolis, ein Pärchen argentinischer Nationalspieler einzukaufen, damit sich der stämmige kleine Stürmer wie zu Hause fühlen konnte. Die Bewohner von Napoli fanden, sie hätten ein gutes Geschäft gemacht.

Der Maradona-Transfer zu Napoli war weniger ein leuchtendes Beispiel für die rotbäckige Gesundheit des Fußballs als ein Anzeichen dafür, wie hinfällig das Spiel geworden ist. Die Hysterie der Neapolitaner war ein Glaubensbekenntnis angesichts allen besseren Wissens. Das konnte es nur in einem katholischen Land geben. Napoli ist das Lourdes des Fußballs.

Denn 1982 hatte es fast genausoviel Aufregung gegeben, als Maradona von Argentinos Juniors nach Barcelona gekommen war. Zwei Jahre später war der Bimbo d'Oro – der Goldjunge – zum einfachen Haus- und Gartenbimbo zurechtgestutzt worden – Spiel um Spiel mit übelsten Fouls beleidigt, die langwierige Verletzungen oder (falls es ihm endlich zuviel wurde und er zurück trat) Sperren, Mittelmaß und Depression nach sich zogen. *Ein Spieler wie Mr. Maradona ist einfach zu gut, um ihn ins Spiel kommen zu lassen.* Wie es in España war, wird es auch in Italia laufen. Fußball ist ein Sport, der eine große Zukunft hinter sich hat. Das Goldene Zeitalter des Spiels lag zwischen der Aufhebung der Höchstverdienstgrenze 1961 (als Spieler nur bis zu zwanzig Pfund die Woche verdienen durften) und der Zähmung des George Best, in den Jahren zwischen amateurhaftem Kicken schlotterhosiger braver Bürger und bösartigem, einfallslosem Knochenbrecherfußball, wie ihn die modernen, von jeder Inspiration und jedem Gefühl freigedrillten Dumpflinge spielen.

Die Jahre, in denen noch die Reservebank der *Spurs* den Europäern zeigte, wo's lang ging, in denen England gegen Deutschland den Weltcup gewann – in roten Trikots, wie Mr. Wilson schmunzelnd anmerkte –, in denen Mr. Shanklys Liverpool aus der Taufe gehoben wurde, Pele und Eusebio ihre Blüte erlebten und Manchester United sich wie ein Phönix aus der Asche der Münchener Flugzeugkatastrophe erhob. Matt Busby hatte einen Traum. Ein Mann, vor allen anderen, ließ ihn Wirklichkeit werden.

1961 mußte Bob Bishops, Manager einer Belfaster Jugendmannschaft namens Boyland, mitansehen, wie sein Team der Jugendmannschaft von Creagh 4–2 unterlag. Ein fünfzehnjähriger Bursche namens George Best spielte für Creagh. Bob Bishops war auch nordirischer Talentscout für Manchester United. Er rief Uniteds Manager an und erzählte Matt Busby: »Ich glaube, ich habe ein Genie gefunden.«

Mit George Best hielt Fußball in die Popwelt Einzug; seine Blondinen, Boutiquen und Beatlefrisuren waren nicht weniger berühmt als sein Ballzauber. Als er in Bramhall, einem Vorort von Manchester, sein Haus baute, flog Pierre Trudeau zur Party ein. Er war der archetypische Fußballprofi der Sixties – seine Karriere entsprach dem Jahrzehnt und endete mit ihm. Zehn Jahre nachdem Bob Bishops ihn gesehen und *Heureka!* geschrien hatte, schrieb Jean Rook in ihrer *Daily Sketch*-Kolumne: »Wird es nicht langsam Zeit, daß jemand George Best erzählt, daß er langsam aus seinen Fußballschuhen platzt? Oder bin ich der einzige Ex-Fan, der es satt hat, mit anzusehen, wie unser junger Flinkfuß mit anderen Menschen umspringt, als seien sie der Ball? George, Du bist prachtvoll, das kann niemand abstreiten. *Mr. Fab Feet* persönlich. Das heißeste Stück, das sich je in ein zwei Nummern zu kleines Fußballtrikot zwängte. Und sich langsam aber sicher zu einem aufgeblasenen, nervtötenden Riesenbaby entwickelt. Werd' erwachsen und reiß' Dich zusammen, wie wär's? Mal ein bißchen halblang machen, he?«

Die Verblendung der Spieler durch das, was sie unter Pop-Lifestyle verstanden – die langen Haare und Knutschereien (es wäre interessant zu wissen, welcher Spieler zuerst einen anderen küßte, und wie Pöbel und Mannschaftskameraden reagierten), die Boomtownhysterie der Spätsechziger mit Unzucht und Alkoholismus und Glückspiel und Bankrotten –, hatte Anfang der Siebziger ihren Höhepunkt erreicht, als bekannt wurde, daß Mr. George Best endgültig der Flasche erlegen war. Alsbald schlossen die Boutiquen, und die wilden Frisuren fanden ihre letzte Ruhestätte auf dem Boden des Schneideraums. George Best wurde zum Buhmann gemacht, der die vertrauensseligen Fußballkinder in ein gutes, sauberes Leben außerhalb des Spielfelds scheuchte.

Die unausweichliche Folge war ironischerweise, daß sogar der Versuch, in Best-Manier zu *spielen*, verpönt wurde. Flair wurde inkriminiert, und das Resultat war eine Generation durch ihre Trainer in Grund und Boden gedrillter Klötze. Kevin Keegan war das personifizierte Brav-Brav-Kunsthandwerker-Syndrom, der seinem Spiel (ganz zu schweigen von seiner Spezies) alle Ehre machte, aber er war die einzige schwarze Zahl in der Bilanz dieser neuen Ethik, die sich des Spiels bemächtigt hatte. Mr. Keegans Spielweise hatte natürlich ihre brillanten Momente – und Bests Laufpensum und Tackling waren die unterbewertetsten Aspekte seines Spiels – aber als George Best seine Fußballschuhe an den Nagel hängte, änderten sich die Grundsätze des Sports für immer. *Après* Best wurde es nicht nur gerne gesehen, sondern erwartet – angeordnet! –, daß sich Spieler wie arbeitsame Kunsthandwerker gaben, anstatt nach künstlerischer Erfüllung zu streben.

Als man die Fußballspieler mit der Parabel vom Bösen Buben aus Belfast glücklich so gründlich verschreckt hatte, daß sie lebten wie kleine Angestellte und spielten wie die Maulesel, erwachten eines Morgens paradoxerweise die Fußball*manager* (die man aus den Sechzigern, in denen ein George Best mit Susan George schäkernd an Mallorcas Stränden erwischt wurde, nur als Nacken-und-Seiten-kurz-Arbeitspapis kannte) in dem kollektiven Gefühl, ihnen würde etwas fehlen.

Während die Spieler zu gewissenhaften Bürgern wurden, übernahmen die Manager genüßlich die Rolle der Wilden Männer des Spiels; ihre sich lichtenden Schädel allzeit glänzend in schmieriger Vorfreude, aufgeregt klimpernde Goldmedaillons über den Bierbäuchen, verlassen sie Heim und Herd für das, was der Volksmund unerschütterlich »Liebesnest« nennt, und für eine geschiedene Maniküre aus Blackburn.

Derweil die Manager ihre Liebesnester polstern, herrscht in den Aufsichtsräten Grabesstimmung. Die Clubs stehen mit den Rücken zur Wand, aber bis jetzt tauchte um fünf vor zwölf immer der rettende Engel auf, ein wohlsituierter Gönner, der ein Vermögen in Toten Hosen gemacht hatte. Trotzdem liegt der Tag in nicht allzu ferner Zukunft, an dem der Bankrott eines Clubs nicht mehr durch rechtzeitiges Eingreifen eines Tiefkühlerbsen-Magnaten abgewendet werden kann.

Nachdem der heimische Transfermarkt seinen Tiefstand erreicht hat, kann ein Club nur noch in Italien seine Jungs gegen ein Millionenvermögen eintauschen. Nur ein so verarmtes Land wie Italien kann sich eine so bodenlose, selbstmörderische Respektlosigkeit gegenüber siebenstelligen Summen erlauben, um die Creme zweier Kontinente in ihre Liga zu lokken. Napoli war schon vier Millionen im Soll, ehe es auch nur eine Lira für Maradona ausgegeben hatte.

Zu Hause auf den Tribünen wird die Stimmung häßlicher, je mehr sie strapaziert wird. Fußball spiegelt mehr als jeder andere Sport die multirassische Natur unseres Landes – kein anderes Spiel hat einen höheren Prozentsatz schwarzer Spieler in den Nationalmannschaften – aber die eingepferchten Massen pöbeln, höhnen und werfen Bananenbüschel nach schwarzen Spielern – das sieht niemand gern, abgesehen vom Gemüsehändler.

Fußball ist nicht nur der Nationalsport, er ist auch National-Front-Sport. In den letzten Saisons nährten schwindende Zuschauerzahlen die Hoffnung, daß Schläger bald fünfzig Meter weit laufen müßten, um jemanden zu finden, in den sie ihr

Messer stecken können, aber nachdem Chelsea, Sheffield Wednesday und Newcastle mit einem Riesenheer von Schlachtenbummlern im Schlepptau in die erste Liga aufgestiegen sind, hat sich die letzte Hoffnung auf Love und Peace zerschlagen.

Auf dem Spielfeld selbst – jenen Bereich der Fußballwelt, den man heute so leicht übersieht – spricht man von Revolution. Der Fußball, den Frankreich im Kreuzzug zur Europameisterschaft 1984 spielte, wurde weit und breit als atemberaubende Innovation gefeiert, die das Spiel vor dem Tod unter dem Druck von Formationen, Funktionen und Taktiken erretten sollte. Frankreichs Trainer Michel Hidalgo machte jedenfalls schönste Wortspiele. »Das allerschönste Gesicht des Fußballs«, sagte er gegenüber John Goodbody in *World Soccer*, »zeigt der Fußball der Kindheit, wie ihn Jungen zwischen acht und vierzehn Jahren spielen. Mit fünfzehn oder sechzehn beginnt man zu berechnen, will spielen, wie ein Erwachsener. Dabei bleiben Großmut und Unschuld auf der Strecke.« Aber die Großmut und Unschuld der französischen Mannschaft, die sich gegen die aufbrausenden Talente Spaniens zum Sieg strampelte, konnte die Tatsache nicht verschleiern, daß Frankreich, trotz aller träumerischen Reden über die Rückkehr zu den wunderbaren Grundsätzen des Spielplatzes, eine drittklassige Verteidigung, einen zweitklassigen Sturm und ein erstklassiges Mittelfeld hatte. Die geschliffenen Künste von Tigana, Giresse, Platini mußten den Rest herausreißen. Nicht gerade eine Auferstehung – sogar *England* hätte ihnen das für ihre guten Francs bieten können –, aber das heimatlose Fußballvolk in aller Welt wartet nunmal dringend auf den Erlöser. Es verzweifelt.

Derweil schlüpfte drüben in Neapel, im Trubel um die Ankunft Maradonas unds seines Beraters, der letztjährige Bimbo d'Oro, Luther Blisset, diskret durch die Hintertür, und Pater Armando Guidetti geißelte den Rummel um Maradonas An-

kunft als ungerechtfertigt und verdammenswert. Warum nicht diese Millionen für etwas aufwenden, war sein Vorschlag, das den geistigen Standard der Massen hebt und verfeinert? Wie einen Nobelpreis?
Ein Fan, der seit Wochen im Freien kampiert hatte, um die Feierlichkeiten nicht zu versäumen, verwies ihn hitzig auf seinen Platz: »Kann man einen Nobelpreis essen?« begehrte er auf, »Macht der Nobelpreis verrückt vor Glück? Und überhaupt«, so der unbekannte Fan, »was *ist* ein Nobelpreis?«

Wenn es nach den Medien ginge, müßte jeder Tennisspieler Psycho, Nympho oder Sappho sein – vorzugsweise alles zusammen. Wenn sich auch die wenigsten Spieler in dieser Hinsicht für anzügliche Revolverblattstories plazieren können, gibt es doch noch immer genügend, deren Umtriebe den Sport eher auf der ersten als auf der letzten Seite heimisch scheinen lassen, mehr Zirkus denn Ring.
Während Billie Jean King das Interesse der Massenmedien am Tennis wachküßte, bediente John Patrick McEnroe die fragwürdigeren Bedürfnisse der Medien nach Etikette und moralischer Entrüstung – die Inkarnation der Rüpelhaftigkeit, eine leibhaftige, schreiende, lästernde Metapher für »Der heutigen Jugend geht es zu gut«.
Natürlich ist das Geschwätz darüber, »schlechtes« Benehmen vom Tennisplatz zu tilgen, absurd – abgesehen von der unleugbaren Tatsache, daß schlechtes Benehmen die Auflagen steigert, grenzen die Maßstäbe der Tennisfunktionäre an institutionalisierten Schwachsinn. Proteste, Schmollen und Zank der Spieler sind in den meisten Fällen sowohl gerechtfertigt wie unterhaltsam.
Unschuldigen Zwischenfällen wird lächerliche Aufmerksamkeit gewidmet – daß Jimmy Connors sich die Nase zuhielt, um seinem Mißfallen über eine Fehlentscheidung des Linienrichters Ausdruck zu geben, war das beherrschende Thema

aller Nachrichtensendungen, während die Vergewaltigungen, Morde und bewaffneten Raubüberfälle des Tages in diesem spinnerten Zusammenhang keine Meldung wert waren. Einiges haben sich die Tennisprofis allerdings selbst zuzuschreiben; wenn es um ihren Sport geht, sind sie ein zimperlicher, demonstrativ empfindsamer Haufen, der von zahlenden Gästen Totenstille verlangt und sich in Krämpfen windet, wenn es ein Papierchen oder eine rücksichtslose Taube aufs Spielfeld verschlägt. Wenn sie sich wie Mimosen benehmen, erwartet man natürlich auch, daß sie süß duften.
Tennis ist *der* Sport, der keine Spielpause kennt. Rund ums Jahr, über fünf Kontinente, ist immer etwas los. Paradoxerweise halten die Briten Tennis für eine jahreszeitbedingte Feierlichkeit, wie Ostern oder Weihnachten, und das Interesse der Nation an diesem Spiel erwacht nur für wenige Wochen Ende Juni / Anfang Juli. *Das* – und nicht das miese Wetter, die miesen Anlagen, mieses etcetera – ist der Grund, warum England ausschließlich hoffnungslose Tennisspieler hervorbringt. Neunundvierzig Wochen im Jahr sind wir einfach zu unkonzentriert. Aber wenn Wimbledon anrollt, löst sich die Sperre in Hirn und Medien der Nation. Viele brennende Probleme gilt es aufzugreifen. In welche liebliche Jungfrau ist der regierende Champion des Herrentennis verliebt? Welche liebliche Jungfrau liebt die Königin des Damentennis?
Bei Wimbledon '84 erfuhr die Presse, daß das Gezänk, von dem sie immer angenommen hatte, es lauere in den Boudoirs der Mißwahlen, in den Umkleideräumen des Damentennis fröhliche Urständ feierte. Martina: »Ich war froh, daß Chris Hana geschlagen hat. Hana hat vor niemandem Respekt. Ich glaube kaum, daß eins der anderen Mädchen Hana besonders ins Herz geschlossen hat.«
Hana: »Das ist doch einfach nicht wahr. Ich komme mit allen gut aus – nur nicht mit ihr.«
Martina: »Als Hana zum erstenmal auf die Tour ging, hat sie

mich noch um Hilfe gebeten. Und ich habe getan, was ich konnte. Anscheinend hat sie sich irgendwann mit allen überworfen.«

Hana: »Eine Lüge. Ich habe sie nie um die kleinste Hilfe gebeten.«

Martina: »Ich habe es selbst nicht gesehen, aber ich weiß, daß sie in Paris bei jedem Satzgewinn von mir mit den Armen so den Bizeps gezeigt hast. Alle denken, ich hätte so viele Muskeln, und sie macht die ›arme kleine Hana‹. Wenn man ihr zuhört, hat sie alle Schläge drauf, und ich gewinne nur, weil ich so lange Beine habe.«

Hana: »Ich spreche nur aus, was alle anderen sehen können. Man sollte sie mal fragen, was die Ärzte mit ihr anstellen.«

Wenn die Spieler sich so weit erniedrigen wollen, sich Voodoo-Nadeln in die gegenseitigen Abbilder zu stecken, ist der Vierte Stand nur allzu gerne gefällig.

Als McEnroe sich beim Wettkampf 1984 einmal von seiner besten Seite zeigte, verlegte man sich von seinem »abartigen Mangel an Selbstkontrolle« auf sein Liebesleben. Bettina Bunge, die blonde bayerische Grundlinienspielerin mit so reichlich Holz vor der Hütte, Janis Levy, die Cadbury Flake-Verführerin mit den lockenden Lippen, und Kitty Godfrey, die dreiundachtzigjährige Ex-Championess des Damentennis, mußten als Hauptdarstellerinnen fadenscheinig getürkter »Mac-und-Ich«-Stories herhalten.

Falls er im nächsten Jahr dieser saftigen Aufmerksamkeit entgehen will, sollte er sich wieder auf seine gute alte miese Tour besinnen – andernfalls wird er seinen Namen in allerlei weiteren Zusammenhängen nennen lassen müssen.

Übertreibung umbrandet die Courts von Wimbledon – Ivan Lendl mußte sich vom *Daily Mirror* »hochfahrend... arrogant... der tschechsche Tennisrüpel« schimpfen lassen, weil er eine Linienrichterin leise gefragt hatte, wo sie ihre weiße Krücke gelassen hat, während Patti Connors – ehemals Playmate des Jahres, wie uns nie zu vergessen erlaubt wurde – ein paar Pfund zulegte und ihre vermutliche Schwangerschaft und der bevorstehende Wurf eines Baby-Jimbo die Seiten füllte. Martina die Große wurde nachts aus dem Bett geklingelt, um über ihre platonische Freundschaft zu einer schmollmündigen texanischen Mutter zweier Kinder, Judy Nelson, Rede und Antwort zu stehen, nur weil Martina einige Kerben an ihrem übergroßen Racket hat: eine Basketballspielerin, ein geschlechtsumgewandelter Tennisspieler, eine lesbische Literaturlöwin –. Navratilova sagte, sie würde nur noch für Wimbledon ihren Fuß auf Englands Boden setzen, und ausnahmsweise ließen die Spieler davon ab, sich gegenseitig ihre engstehenden Augen auszukratzen – allen Weltklassespielern wachsen die Augen fast zusammen; siehe Connors, McEnroe und besonders den fünfmaligen Wimbledonsieger, das Schwedenas Sven Zyklop – um vereint gegen einen aber schon sehr gemeinen Feind zu schlagen.

»Die Spieler sind ja schon in den Garderoben aufgebracht«, rügte Chris Evert Lloyd Faith Reynolds etc. »Wer großes Tennis sehen will, soll nicht versuchen, uns die Laune zu verderben. Wenn an den Geschichten etwas dran wäre, könnte ich die Neugier der Leute am Privatleben der Spieler ja verstehen. Aber das meiste ist nicht wahr. Hier ist es schlimmer als sonst irgendwo auf der Welt, und aus irgendeinem Grund ist es dieses Jahr sogar noch schlimmer als sonst.«

Wie wir bereits gesehen haben, ist es dieses Jahr noch schlimmer gekommen, weil Mr. McEnroe seit Queens keinen Hauch von Rot mehr gesehen hatte.

Obwohl die Beschwerden über die Einmischung ins Privatleben der Spieler durchaus berechtigt und begründet waren, gilt ebenso, daß man selbst die Presse an der Nase herumgeführt hatte.

Tennisspieler sind die größte Truppe von Revolverblatt-Ködern neben den brünstigen Starlets, denen es vergönnt war,

auf einen Umkreis von fünfzig Meilen an Prinz Randy heranzukommen. McEnroe hatte einen Vertrag mit der *Sun*, auf den man ruhig ein paar Gläschen trinken konnte (und wendete sich nun nach den vorangegangenen Jahren, in denen seine druckerschwarzen Gedanken exklusiv in *News Of The World* erschienen waren, an ein gehobeneres Publikum), John Lloyd posierte gramgebeugt in seinem einsamen Zimmer, um den Text zu illustrieren, in dem er der mitfühlenden *Mirror*-Stenografin Noreen sein gebrochenes Herz ausschüttete, der tschechische Tennisrüpel unterschrieb bei Lord Rothermeres Conservative-Rüpeln, und der Eispuppe aus Florida höchstselbst wurde eine Auswahl an Angeboten für ihre Biographie vorgelegt: Ein schönes Sümmchen für ihre Ansichten über »Mein Leben mit Tennis« und ein noch schöneres Sümmchen für rasante Enthüllungen vom »Meine-Liebesspiele-am-Spielfeldrand«-Kaliber. Nur verständlich, daß sie die zweite Möglichkeit wählte. Grundsätzlich kann man davon ausgehen: Tennisspieler machen gerne den Mund auf, wenn sie dafür die Hand aufhalten können. Und warum nicht? Dieses Leben ist kurz, was wohl auch den lächerlichen Rechtsdrall und das Sicherheitsdenken vieler Tennisspieler erklärt. McEnroe ist Anhänger Mr. Reagans, und Pam Shriver, mag sie noch so oft mit dem alten Demokraten-Schlachtroß und eingeheirateten Kennedy Sargent verwandt sein, unterstützt aktiv die Kampagne zur Wiederwahl des alten Bonzo-Hauptdarstellers. Sie setzen ihre politischen Hoffnungen in die Rechten, weil die meisten von ihnen in kürzester Zeit enorme Geldmengen verdienen, ein ernstes steuerliches Problem für jeden Profisportler.
Andererseits weigert sich John McEnroe, in Südafrika zu spielen (obwohl der tschechische Tennisrüpel es tut), tut Vitas Gerulaitis gute Werke an halbweißen, unterprivilegierten Kindern, spendete Carina Karlsson 1984 einen Teil ihres Wimbledon-Preisgelds für »die Hungernden dieser Welt«.

Die meisten Leute betreiben Sport, ehe sie erwachsen werden – die außergewöhnlich begabten Seelen, die weiterspielen und Profis werden, scheinen sich wenigstens in einem Teil ihrer Persönlichkeit eine Kindlichkeit zu bewahren, zu der die logische Welt der Erwachsenen keinen Zutritt hat. Sogar der sogenannte »Buster« Mottram, zum abschreckenden Beispiel, verbringt als Ex-Mitglied der National Front einen großen Teil seiner Freizeit damit, mit Kenny Lynch Songs zu schreiben, während er von Rechts wegen Kreuze in dessen Vorgarten verbrennen sollte. Tennisspieler leben nicht schlecht von ihren Macken. In diesem Sport kann auch der Mittelmäßige ein Vermögen machen – zum Beispiel dreizehnhundert Pfund, um sich in der ersten Wimbledonrunde ohne Satzgewinn rausschmeißen zu lassen. Wenige Wochen nach ihrem achtzehnten Geburtstag wurde Andrea Jaegar zum fünfzigsten Tennis-Dollarmillionär, seit Tennis 1968 freigegeben wurde.

Zu Wimbledon '84 gab es 37 Männer und 13 Frauen, die ihre erste Million damit gemacht hatten, im Beisein zahlenden Publikums Bälle über ein Netz zu schlagen. Spieler, mit deren Namen man nur im engsten Familienkreis familiär ist, haben allein mit Doppeln siebenstellige Summen verdient. Sogar Spielerinnen wie Sue Barker und Anne Smith – die »Wer?«-Schwestern – nähern sich der ersten Million. Martina Navratilova hat über sieben Millionen gemacht, und all diese Zahlen umfassen nur Platzgeld, Siegprämien. Nicht eingeschlossen ist das Kleingedruckte, das wesentlich mehr Profit abwerfen kann – für einen hoch gesetzten Spieler zehnmal soviel wie ein Sieg in einem Grand-Slam-Wettkampf.

Gesponsort wird für Schuhe, Socken, Shorts, Hemden, Rakkets, Schweißbänder, Gelenkschützer, Fluglinien, Hamburgerketten, schnelle Autos und Wegwerfrasierklingen – das zählt in der Bilanz der Tennisprofis. Wie sagte doch ein ungesetzter Spieler, der es dieses Jahr in Wimbledon bis ins Vier-

telfinale schaffte: »Du kannst mit vier Jahren Tennisprofi werden, wenn du gut genug bist.«
Das bringt es natürlich mit sich, daß viele Spieler, das zarte Alter geschickt durch Sonnenbräune kaschiert, schon zur höchsten Steuerklasse gehören, ehe sie noch emotional gefestigt sind. Im letzten Jahr fing Andrea Jaegar an zu quengeln, als Miss Lloyd sie in die Mangel nahm, und dieses Jahr hatte Fräulein Steffi Graf nah am Wasser gebaut, als sie gegen unsere nicht zu unterschätzende National-Sklaventreiberin, Miss Durie, ausschied.
Die Anforderungen, die ein Sport ohne Spielpausen stellt, die Reisen, bei denen Marco Polo blaß um die Nase würde, das Sich-mutterseelenallein-auf-dem-Platz-dem-Gegner-stellen, das unaufhörliche Wechselbad von Qual und Ekstase, zehren am heranwachsenden Profi. Die Medien sind sich darüber sehr wohl im klaren und verarbeiten die Krise der schönsten Jahre als festen Bestandteil des Dramas.
Jahrelang war das Expertenurteil über John McEnroe: »Er ging als Junge auf den Platz und verließ ihn als Mann.« Sie sagten es, als er 1980 gegen Borg verlor, sie sagten es, als er 1981 Mr. Zyklop schlug, 1982, als er gegen Mr. Jimbo verlor, und 1983, als er sich durch sein Mundwerk und Aufschlagspiel gegen Chris Lewis, den Kiwi-Killer, behauptete. Als er 1984 nach einem atemberaubenden Schauspiel von Gegnerschändung Jimmy Connors schneller und härter als jeder andere Champion seit den Tagen des Dampfradios bezwang, war Malcolm Foley einer unter vielen, als er in der Daily Mail (der Zeitung *die hinter dem tschechischen Tennisrüpel steht*) den Kommentar abgab: »In den letzten zwei Wochen ist das verzogene, launische Kind zum Manne gereift.«
Jedes jahreszeitbedingte Fest hat seine unveränderlichen Kennzeichen, und Wimbledon macht keine Ausnahme. Falls er sich nicht bis zum nächsten Jahr in sein Urschreistadium zurückentwickelt, werden die Journalisten auf der ersten

Seite ein Sexleben für den Champion entwerfen und unter schreienden Headlines verkaufen, und die Journalisten auf den Sportseiten werden – es sei denn, er unterzieht sich der Behandlung, die einst eine von Navratilovas kleinen Freundinnen auf dem Operationstisch über sich ergehen ließ – befriedigt feststellen, daß John Patrick McEnroe endlich, endgültig, zum Mann gereift ist.
In alten Zeiten, berichten meine Altvorderen wehmütig, war Tanzen der vertikale Ausdruck horizontaler Sehnsüchte. Doch dieser urige Zustand, wehe, er ist dahin; der Appetit auf das Unaussprechliche ist offensichtlich und abscheulicherweise irgendwo gestillt worden, und heute ziehen es viele Mutanten vor, mit dem Objekt ihrer zärtlichen Gefühle zu tanzen als sich mit ihm flachzulegen. »Ich blas dir einen, wenn du mit mir tanzt«, spricht eine junge Dame in *Saturday Night Fever* zu unserem Helden John Travolta, und es ist nicht zu übersehen, daß sie bei dem Gedanken, ihn auf die Tanzfläche raufzuholen, mehr Vorfreude empfindet, als bei dem Gedanken, ihm einen runterzuholen.
Tanzen – nicht der Turkey Trot und der Twist, sondern Hip Hop und Aerobic – ist der neueste und verbreiteteste Unsport-Sport der Jugend, durch und durch solipsistisch und unsportlich. Nur einer kann mitspielen. Die Instinkte der Tänzer haben sich vom Wunsch, die Hände auszustrecken, um sich mit einem passenden Gegenüber zu vereinen, auf eine Feier des Alleinseins, der Selbstgenügsamkeit, des Separatismus verlegt – von »Laß uns eine Nummer schieben« zu »Schieb ab«. Fortschritt!
Die »Tanz'-dich-aus-der-Scheiße-Kleiner«-Filme verfolgen uns seit Jahren, nach einem vielversprechenden Anfang mit *Fame* und *Fever*, die die Leere, das Pathos und die hochfliegenden Träume zeigten, kam der Abstieg in die Niederungen von *Flashdance* und allerlei Breakdance-Scheußlichkeiten, die gradlinig und schal am Klischee arbeiteten. In jedem ein-

zelnen schneidet sich ein außergewöhnlich attraktiver junger Mensch aus ausgesucht abgewrackter, dafür um so farbenprächtigerer Familie dank seiner umwerfenden Beinarbeit eine Scheibe vom Amerikanischen Traum ab (laßt die Klischees aus der Kiste: Schwarze, Italiener und Hispanics haben das unerläßliche Rhythmusgefühl, aber der jüdische, irische oder chinesische Hüpfer wartet noch darauf, sich den Weg aus dem Zelluloidghetto zu steppen). Es läßt tiefe Rückschlüsse auf Stallones fortgeschrittenes Alter und Taillenweite zu, daß er noch einen Boxfilm machte, lange nachdem der Tanzfilm den Boxfilm im »Muskeln-machen-Mäuse«-Repertoire Hollywoods als Arbeitsmarkt abgelöst hatte.
Die Vorteile des Tanzens als Nummer für den Klassenkampf mit Aufstiegsmöglichkeiten gegenüber dem Boxen waren, daß sich beide Geschlechter gleichermaßen damit anfreunden konnten und daß der/die Held/in am Ende des Films noch genauso hübsch anzusehen war wie am Anfang, weil sie schlimmstenfalls mit einem Legwarmer (noch nicht mal Bänder-)riß davonkamen. Diese beiden Änderungen machten die Filme extrem attraktiv für ein junges Publikum, immer die fleißigsten Kinogänger.
Die Grundidee hinter diesen Filmen, daß man es sich schuldig ist, seinen Körper auf Hochform zu polieren und ihn zu NUTZEN, als Waffe zu nutzen, mit der man sich den Weg aus dem Sumpf kämpft, in dem man gefangen ist, ist die verwässerte, herzige Version eines viel härteren, groteskeren, fehlgedachteren Konzepts, das in den Achtzigern zu Ansehen kam: daß, wenn die Zeiten schlechter und die Welt beängstigender wird, die einzig logische Reaktion nicht *reagieren, protestieren, Wiederstand leisten* ist, sondern sich selbst in unverwundbaren, unzerstörbaren Stahl zu verwandeln. Es gibt einen neuen Aberglauben daran, daß man sich, wenn man nur genug Fett eliminiert und Muskeln aufbaut, durch absolut jede Klemme mogeln kann, vielleicht sogar – nicht zu laut

sagen! – durch den atomaren Holocaust: die große Qual umgehen, indem man sich beizeiten ein bißchen quält.

Nicht nur Homosexuelle sind bei ihrer Suche nach dem Ultramann aufs Bodybuilding gekommen (Homosexuelle haben sich langsam damit abgefunden, daß der einzige Weg, an den Mann zu kommen, den sie suchen, darin besteht, sich selbst dazu zu machen), auch Frauen und, am komischsten, Künstlerinnen. Es gibt wenige Bilder, bei denen man mehr Schadendreude empfindet als bei der sich stählenden New-York-City-Kunstblase, die mit derselben Humorlosigkeit und demselben Unverständnis, die auch ihre Beziehung zu allen anderen Dingen des Lebens auszeichnen, Gewichte stemmt, ohne sich auch nur im Traum auszumalen, wie dämlich die ganze Angelegenheit ist und wie abergläubisch und verschreckt ihr *compulsive toughening* für den nüchternen Beobachter aussieht.

Der neue Körperkult, das neue weibliche Schönheitsideal, das nicht mehr passiv, sondern *aktiv* ist, läßt sich bis direkt zu den Olympischen Spielen von München zurückverfolgen, bei denen die Sowjetunion zum erstenmal in der Geschichte weibliche Schönheit in den Ring schickte und in den Augen der Welt kein Mädchen je so bezaubernd wie Touritscheva, so sexy wie Kim, so niedlich wie Korbut gewesen sein konnte. Die Damen unten in New York scheinen zu glauben, sie könnten es mit diesen Mädchen aufnehmen – mit lebenden, atmenden, perfekten Einheiten untadeliger sowjetischer Monumentalkunst –, wenn sie ihre stämmigen, kleinen amerikanischen Körper in Formen zwangen, an die kein Mann auch nur zu denken gewagt hat; in *Wirklichkeit* aber sehen sie aus wie kleine, altmodische, unausgefüllte Künstlerschätzchen, die für Dinge durch die Knochenmühle gehen, die den Russinnen schon seit nunmehr zwanzig Jahren selbstverständlich sind – sie sehen aus wie amerikanischer Realismus, lebende, atmende Symbole des zeitgenössischen Amerika.

Hinter pseudoharten Gebärden versteckt sich ein ausgereiztes, moderndes Hirn, eine traurige, selbstverliebte Sehnsucht nach Erlösung, das groteske Monster, das sich selbst überirdisch schön findet.
Auf jedes Mädchen, das Charles Atlas werden will, kommen zum Glück Tausende, die nur Jane Fonda sein wollen. Aerobictanzen mag hirnlos und Zeitverschwendung sein, aber schließlich erwartet ein blutarmes Westmädel nicht mehr vom Leben als eine idiotensichere Methode, die Zeit totzuschlagen. Es ist viel hübscher als Bodybuilding und zieht einen wesentlich schöneren Menschenschlag an. Der Anblick Victoria Principals im Strampelhöschen ist vielleicht *die* eine Sache, bei der ein glühender Atheist in die Knie geht und schwört, daß es Gott gibt.
Und obwohl in den meisten Aerobic-Klassen ein schmieriges Einer-für-alle-Gemeinschafsgefühl herrscht, entspricht die Form in soweit, als es der definitive, einsame, kommerzialisierte Wettkampfsport der 80er ist – Du gegen Deinen Körper, Geist gegen Sinn, Facts gegen Gesundbeterei.

Apokalypse now (Bitte)
oder
Warten auf die Vorwarnzeit

(Apocalypse Now Please or Listening for the 4 Minute Warning)

»We're living in a world... where SEX and HORROR are the NEW GODS«: Frankie goes to Hollywood, 1984.
Aber es hätte auch Mrs. Whitehouse sein können, Gott segne sie.
Frankie goes to Hollywood sind aus drei Gründen interessant, und keiner davon ist Paul Morley. Erstens sind sie die häßlichste Crooner-Kollektion seit Freddie and the Dreamers. Zweitens würden sie in einem rüderen, weniger braven Poptext (sagen wir unter der Herrschaft der Rolling Stones oder Sex Pistols) keineswegs schockierend wirken; gutes Timing hat ebensoviel Anteil daran, daß sie sind, wo sie sind, wie gutes Schauspieltalent. Drittens finden die Frankies, mehr als jeder andere Act im Geschäft (vielleicht von Prince abgesehen, mit dem sie die unveränderlichen Kennzeichen physische Unansehnlichkeit, Pseudo-Schock und sexuelle Vielseitigkeit teilen), *Vergnügen apokalyptisch*. Sie glauben, daß die Welt mit einem Bums untergehen wird, Bums wie »Geschlechtsverkehr«, nicht wie »lautes, dumpfes Geräusch« und vielleicht mit einem leichten post-koitalen Wimmern. Wie Woody Allen schon sagte, als man ihn fragte, ob er Sex für schmutzig halte: »Nur, wenn man's richtig treibt.« Die Frankies sehen Vergnügen und Apokalypse genau so. Verblüffend ist, daß diese Denkweise peinlich genau mit der der zeternden Moral-Meemies Mrs. Whitehouse und Mrs. Gillick übereinstimmt, die auch in sexueller Freizügigkeit den

Untergang des Abendlandes sehen. (Daß Promiskuität zivilisierten Gesellschaften eigen ist und Keuschheit den barbarischen, wird von dieser Lobby gerne übersehen). »Make love not war« hieß es bei unseren liebenswerten Ahnen; für die Abfuckalyptiker sind Liebe- und Kriegmachen praktisch synonym. Prince' vernagelter baptistischer Reingewaschen-vom-Blut-des-Lamms-Background ist wahrscheinlich der Grund für sein backfischhaft-hysterisches und schuldgepeinigtes »wenn-ich-schon-hängen-soll-dann-will-ich-auch-richtig-sündigen«-Verhältnis zum Spaßhaben (wann klang Vergnügen jemals so nach harter Arbeit, wie in »1999«?... Ich habe von einigen lahmen Entschuldigungen, einen draufzumachen gehört, aber *der Weltuntergang?*), während die Zwillingsstädte des Frankie-Konzepts – das von-der-Hand-in-den-Mund hedonistische Liverpool, immer hin- und hergerissen zwischen lockerem Matrosenspaß und -geld und den Mahnungen der katholischen Kirche (die lateinamerikanischste Stadt Englands, in ihrer Armut, ihrer Ohnmacht, ihrem Papismus und ihrer Lebenslust) und das strenge, in teuflisch harter Schule verbitterte Manchester (wer bietet auf Paul Morley als geistigen Pete Best der Smiths?) – auch ihren Teil zur Aufzucht der Bestie taten. Morrissey, geschüttelt von Ekel, meidet Fleisch – es zu essen und mit ihm zu schlafen – und hofft, in den Himmel zu kommen; Morley, der, wie jede Hinterhaus-Nullnummer aus dem Norden, Baudelaire gelesen hat, ermutigt die Frankies, sich fickend zugrunde zu richten – »Tauche im Horror unter, um ihm zu entfliehen.« Die Haltung des Pops aus dem Norden zum Sex nimmt sich im Vergleich mit den satten weltlichen Sexbräuchen des Südens recht seltsam aus; für George Michael ist Sex weder schönsündig noch sündigschlecht, sondern etwas, das er für seine Gesundheit und wichtiger noch, für seinen *Teint* tut. Im innersten Herzen glaubt man bei ZTT allen Ernstes, daß Sex der Gesundheit abträglich ist – und darum mögen sie es.

Sex mit einem Spritzer de Sade – welche Labsal. Heldenhafter, apokalyptischer Sex mit Gummi und Muskeln – *that's the way, uh huh uh huh – they like it.*
Doch Sex ist nicht der einzige befremdliche Bettgenosse, der den Futon für den Jüngsten Tag wärmt; die letzten Bastionen des Freizeitmarktes sind gefallen. WAR! HUH! What is it good for? (Das bringen die Frankies.) Wie wär's mit Songs darüber schreiben und Hits damit haben? »99 Luftballons«, »Two Tribes«, »Eight Days«, »Between The Wars«, »Dancing With Tears In My Eyes«, »Time Zone« – selbst die unbefleckten Duran Duran konnten dieser Zeile in »Please Please Tell Me Now« nicht widerstehen. Hard core war, wie Punk, der Sound zu Bruch gehender Dinge (zumeist der beteiligten Instrumente), in die der Hörer mit der Nase gestoßen wurde, ein Anfall, der sich verzweifelt einredete, er hätte etwas auszusagen, Du verstehst schon, etwas *Tiefsinniges* und – Großer Gott – *Endgültiges*. Diese cut up-Platten, ein zwischen Reden von Scargyll, Churchill, Hitler, Malcolm X geschnipselter funky backbeat, schwarz und schlüpfrig wie ein Ölteppich, wollen Dir das Gefühl geben, daß auch Du am Totentanz teilnimmst. Plötzlich ist die Tanzfläche Cortonwood, Jalta, Nürnberg, Selma Alabama, und Du bist nicht einer von vielen ameisenhaften kleinen Nachtschwärmern, sondern Majordomus im Maschinenraum der Geschichte.
In diesen Tagen trägt jeder Musensohn ein Katherine Hamnett-T-Shirt; wir haben apokalyptische Sitcoms (*Whoops Apocalypse*), Soap Operas (*The Day After*), Comics (*Wenn der Wind weht*) und Operetten (mit Texten von IanMcEwan, einem Früh-Abfuckalyptiker). Und natürlich kann man ganze Kleiderkollektionen auf Apokalypse aufbauen, von Miss Hamnetts PLEASE DON'T Reklameflächen bis zu Miss Rachel Auburns YOU DID *bag lady ála mode*. Aber, so unglaublich es ist, den Apokalypsismus – oder Schmockalypsismus, wie ich ihn eingedenk der Tatsache, daß er eher eine Reaktion auf

persönliche Verhältnisse und Aufstiegschancen ist als auf den Spielstand in Genfer Sitzungssälen, lieber nennen möchte – gibt es nicht nur in Reinkultur; er kann auch in der grünen Tracht von Ökologie und Naturschutz auftreten. Eine kraftmeiernde Sorte Schmockalyptik läßt sich im Werk Bruce Springsteens finden, vom kecken »Born To Run« (nicht *hin*, sondern *weg*) bis zum schmierigen »Cover Me«, in dem von einem Mädchen verlangt wird, zu leisten, was der gesamten US-Luftwaffe nicht gelang, die immerhin mehr Bomben auf Vietnam warf, als beide Seiten (*alle* Seiten) im Zweiten Weltkrieg verbrauchten: nämlich, Bruce's Amerikanischen Traum zu bewahren. Für Mr. Springsteen ist der Amerikanische Traum dasselbe wie für altmodische Mädel ihre Jungfräulichkeit, die buchstäblich wichtigste Sache der Welt, die auszumustern eine Sünde ist, die nach geradezu olympischer Wut und Vergeltung schreit. Diese sentimentale Steinbecksche Post-My-Lai-Bürde – der Amerikanische Traum als etwas, aus dem man unausweichlich schreiend erwacht – läßt sich auch in den neuen landversessenen Produkten Hollywoods finden. *Country*, *Ein Platz im Herzen*, und *Menschen am Fluß* mögen von Liberalen gedreht worden sein – Lange, Shepard, Field, man lasse nur die ländliche WASPigkeit dieser Namen auf der Zunge zergehen – ihre Message aber ist *survivalistisch*, kündet den Bruch mit der Idee einer Zentralregierung, um sich dem Tod auf der eigenen Scholle zu stellen (mehr wie ein streunender Kater). Kurt Saxon, der Ex-Stormtrooper mit dem launigen Namen, mittlerweile eine anerkannte Autorität in Belangen des Überlebens nach der Apokalypse (sei sie durch Bomben, Schwarze oder Iraner verschuldet – er ist sich da nicht so sicher, wie die meisten Schmockalyptiker), dem 100000 Amerikaner 10 Dollar für den Empfang seiner Weisheit gezahlt haben, sagt: »Ein Survivalist hat mit dem System an sich gebrochen. Es ist im Grunde eine Absage an den Amerikanischen Traum, die Leute begreifen, daß das Spiel aus ist.« Im Schmockalypsismus verwischen die Grenzen zwischen rechts und links und gehen ineinander über wie beim Libertarismus, das sichere Anzeichen einer grundsätzlichen strukturellen Instabilität. Sowohl Ökologie wie Survivalismus sehen in der Stadt, Heimat lärmender heidnischer Outcasts und einer korrupten Verwaltung, die Wurzel allen Übels; die Hippies, die Notting Hill gen Wales und den Westen verlassen haben, waren die perfekte Mischform von Ökologie und Survivalismus und typisch unterbelichtet. (Laura Ashley kleidete lange vor Katherine Hamnett Mädchen für die Apokalypse ein, denn alle Stadtflucht ist schmockalyptisch. Der stumpfsinnigste Zweig dieser schlecht und recht zusammengeschusterten Anti-Stadt-Schmockologie sind wohl die Ernährungs-Snobs, jene Makropsychotiker, für die die Hölle ein kalter Hamburger ist. Wie selbst seriöseste Wissenschaftler heute zugeben, ist »Junkfood« – ein – schockhorror – schnelles, billiges, gutgewürztes Essen, das seit urdenklichen Zeiten die Armen ernährt und jetzt mit der Frechheit des Emporkömmlings ans Tageslicht drängt, um sich in alle Bereiche der Gesellschaft – die Nachkommen der Essens-Snobs eingeschlossen – breitzumachen – eher ein *ästhetisches, apokalyptisches* Kriterium, als ein wissenschaftlich fundiertes. Es ist noch niemand am Cheeseburgeressen gestorben – der älteste Mann der Welt, Mr. Charlie Smith aus Florida, frühstückt jeden Tag zwei Hieb puren Wodka und verspeist einen in Zucker gestippten Hamburger – aber einige an makrobiotischem Essen. »Gesunde« Ernährung hat recht wenig mit Gesundheit zu tun, aber um so mehr mit verbauerter Ehrfurcht vor der läuternden Wirkung des Schuftens am dampfenden Herd und mit dem schmockalyptischen Sündenbabel-Wahn, eine Mahlzeit zu kaufen sei irgendwie dem Kauf von Sex vergleichbar, schmutzig, minderwertig und *junky*. Als Untergang des Abendlands gilt ein Big Mac, Ehescheidung oder Herpes (als wäre Sex nicht *immer* ein Jucken gewesen, das man kratzen muß), Glutamate, »Die Menschen lesen nicht mehr« (ungeachtet der Tatsache, daß mehr Menschen des Lesens und Schreibens mächtig sind denn je und die Zahl der Bücherverkäufe einen Höchststand erreicht hat), alles, von Kokain bis zu Sexpuppen; die *Sehnsucht* nach dem Untergang des Abendlandes zeigt sich im Gebrauch des Wortes »dekadent« (was in dem Kontext, in dem es angewendet wird, nichts anderes meint als SICH AMÜSIEREN; das klingt natürlich viel zu trivial und gesund, um den Feiernden mit Glamour zu umgeben – wer will schon als *Butlin's*-Animateur dastehen. Immerhin, es ist nicht ganz einfach, dekadent zu sein, ohne einen Mord zu begehen oder die Band-Aid-Platte zu klauen.) oder der Anti-Heroin-Kampagne »THE SCOURGE« des *Daily Mirror;* als hätten nicht alle Gesellschaften bis zurück zu den Inkas – nicht gerade entfremdete, von Thatcher heimgesuchte Stadtmenschen – Freizeitdrogen gekannt. Heroinkonsum durch Jugendliche aus der Arbeiterklasse ist keineswegs ein gemeinsames Komplott von Thatcher und Nietzsche zur Ausrottung der jungen Recken des Proletariats; im Gegenteil, er ist der Gleichmacher, der der Arbeiterjugend Ausweichmöglichkeiten eröffnet, die junge Aristokraten seit *Debrett's* Jahr Null für sich in Anspruch genommen haben. Heute wird jede soziale Eigenart durch die dunkle Brille der Apokalypse gesehen; und zum Zahnschmerzen kriegen reicht es allemal.

Woran liegt's, daß die Leute versuchen, aus Bier und Bingo städtischen Gesellschaftslebens den Weltuntergang zu machen? Kokain und Gummikleidung künden von keinerlei einschneidendem Umbruch in der sozialen Entwicklung, sie sind nur eine verzerrte Spielart von Real Ale und Monopoly, *bei der man sich auch amüsieren kann.* Unglücklicherweise ist es nicht halb so respektabel, Spaß zu haben, wie dekadent und auf dem absteigenden Ast zu sein; da nun aber alle wissen, daß KEIN Atomkrieg bevorsteht, versuchen sie überall,

Bombenalarm zu hören, um das Gefühl der GRÖSSE, das ihnen die Angst vor dem Atomkrieg gab, wieder aufleben zu lassen. Wenn man sich einmal auf Bunker eingestellt hat, ist es schwer, mit dem Bistro vorlieb zu nehmen.

Die beiden ältesten, unfreundlichsten Chefs der Supermächte, die man einander gegenüberstellen konnte, knurrten *und legten die Waffen nieder*. Und doch muß man vorgeben, noch Bombenalarm zu hören; denn Glück ist nicht alles, man muß auch sein tägliches Brot verdienen. Zum Beispiel kann man einen Artikel über *Dallas* renommierten Zeitschriften nur dann verkaufen, wenn man behauptet, der Grund für die Popularität sei das unterschwellige, westliche SEXMONEY-Unbehagen, aus dem es sich speist, nicht, wenn man zugibt, daß es von schönen Frauen und Schurken wimmelt und folglich so populär ist, wie solche Unterhaltung seit den frühesten Laemmle-Stummfilmen zu sein pflegt. Wenn Du das nächste Mal ein Thesenpapier liest, dessen Autor sich rühmt, ein dräuendes Zeichen der Zeit zu entdecken, bedenke, daß es auch anders sein kann; ihm droht eher die nächste *Mietzahlung*, und er sucht einen Bombenalarm, um sich hinüberzuretten. Perspektive ist ein unbezwinglicher Gegner des akuten Schockzustands und somit unpopulär, aber ich denke, ein wenig davon kann nie schaden. Wenn wir uns über AIDS aufregen, sollten wir uns erinnern, daß zwischen 1348 und 1377 vierzig Prozent aller Europäer an der Beulenpest starben. Wir sollten uns erinnern, daß Melancholie in Wien zum ersten Mal wissenschaftlich beschrieben wurde, in der Heimat des Walzers, mit dem sie viel gemein hat: gedeiht nur in üppiger Treibhausatmosphäre, schwelgerische Vergnügungen der Schwermut als äußerste, zeitverschwendende Extravaganz. Und die Annehmlichkeit des Selbstmords stets gegenwärtig, wie altes Geld, auf das man zurückgreifen kann, wenn alles andere scheitert.

Mäßig intelligente Leute – wie die meisten Medienarbeiter –

halten sich für verbauert, wenn sie sich optimistisch geben; lieber wären sie das geistige Äquivalent zu bleich und interessant. Natürlich ist Bomben-Kultur ein viel besseres Accessoire als schlicht und einfach Kultur; natürlich ist es nett, zur Abwechslung im Rampenlicht zu stehen und nicht am Bühnenausgang. Aber die westlichen Schmockalyptiker, in all ihrer Betroffenheit, betreiben nichts als Verschleierungstaktik; die Aufmerksamkeit auf kleine westliche Wehwehchen – ÜBLE TV-Dinners, BÖSARTIGES Kabelfernsehen – zu lenken, bedeutet gleichzeitig, die Ecken der Welt abzudrängen, in denen sich etwas abspielt, was WIRKLICH der Apokalypse nahekommt: El Salvador, Südafrika, et cetera. Die sich im Laufstall die Knie aufschrammen, bilden sich in monumentaler Selbstüberschätzung ein, sie würden mehr Aufmerksamkeit verdienen, als die Massaker in der wirklichen (Dritten) Welt.

Im letzten Jahr kam ein Magazin auf den Markt, daß sich *Survival* nannte; es befaßte sich fast ausschließlich mit Haar-, Haut-, und Kosmetikproblemen junger schwarzer Mädchen, ohne sich darum des Namens *Survival* zu schämen. Wir haben vergessen, was *Überleben* bedeutet und sehen Apokalypsen überall, nur nicht da, wo sie stattfinden; wie ein Kind, das Fugen im Gehweg überspringt, müssen wir nie einer wirklichen Apokalypse ins Auge sehen, solange uns die eingebildeten nicht ausgehen. Ich hasse die feisten Reiter der halbseidenen Pseudo-Apoka, für die der Weltuntergang ein Aftershave ist – großzügig auftragen, dick dastehen: im Rampenlicht. Bombenalarme treten so inflationär auf, daß sie sich sanft und wohlig über die westliche Hemisphäre legen. Bei so vielen blinden Alarmen wird der Ernstfall, sollte er jemals eintreten, alle Hände voll zu tun haben, sich in der endlosen, schamlosen Kakophonie bemerkbar zu machen.

SCHMOCKALYPTIKER: T. S. Eliot, ChickenLicken, Al Solschenizyn, Cecil B. DeMille, Frances Landesman, Katherine

Hamnett, Nick Rosen, Kathy Acker, Charles Manson, Enoch Powell, die Mormonen, Doris Lessing, Keith Joseph, Mark Smith, Zager & Evans, Martin Amis, Louis Farrakhan, die Mädels vom Greenham Common, Bronson, Eastwood und Stallone, der Bischof von Durham, Sam Peckinpah, Stanley Kubrick, Norman Mailer, Barry McGuire.
(Und jetzt alle zusammen:)
»The Western world, it is exploding, violence flaring, bullets loading.«

Wiedergeborene Kühe *(Born again Cows)*

»Wenn ein Baby schreit, nimmt man es in den Arm, um es zu beruhigen.« – Eine einfache Greenham-Seele zur symbolischen Menschenkette um den amerikanischen Nuklearstützpunkt, 1983.

Schon möglich, wenn man nicht an die heilsame Wirkung einer saftigen Ohrfeige glaubt. Aber ich vermute, wenn ein sabbernder, blutbesudelter Irrer in Dein Haus eindringt und dezent ein Beil in Deine Richtung schwingt, wird die erste Reaktion in diesem Fall nicht eine Umarmung sein, sondern die, sich eine Kanone zu schnappen und ihn ins Jenseits pusten. Und wenn wir schon in Metaphern sprechen, immer ein undankbares Geschäft, würde ich sagen, daß die amerikanische Militärmaschinerie mehr mit obengenanntem Irren als mit obengenanntem Balg gemein hat.

Das Zitat ist Kuhgewäsch, und dieses Kuhgewäsch ist eine schleichende Sprachseuche, mittlerweile so allgegenwärtig wie Nachrichtensprache. Auf der Mattscheibe und in Illustrierten kann man verfolgen, wie es ein verblüffend einfaches Bild einer auf Mutterleib und Maschinengewehr reduzierten Welt zeichnet, bevölkert von freundlichen, einfühlsamen, engelhaften Wesen einerseits und brutalen, mordlüsternen Holzköpfen andererseits. Los der Engel ist es, die Trottel irgendwie umzuerziehen. Die Leute, die dieses Märchen verbreiten, sind Kühe. Die proletarische Kuh ist so übel nicht, abgesehen vom Hang zu sinnentleerter Hordenbildung und übertriebener Vermehrungswut; das ist zwar deprimierend, schreit aber kaum nach drastischen Maßnahmen. Die Achtziger aber sahen den Aufstieg einer weitaus auffälligeren Sorte Kuh: die sprachgewaltige, medienbewußte Karriere-Kuh. Sie spukt durch die Korridore von Thames TV wie ein geschwätziger Geist. Sie trägt das Kuhgewäsch vor wie ernsthafte Philosophie – und was zuviel ist, ist zuviel. Die erste Kuh-Blödheit ist das Beharren darauf, alle Menschen seien Frauen. Ein weitverbreiteter zeitgenössischer Trugschluß. Es *gibt* Frauen, aber es gibt auch Mädchen, und ich kenne sogar ein paar Weiber. Selbst einige Schnepfen haben überlebt, zum Glück nicht zu viele, denn Schnepfen können ermüdend sein. Ich kannte mal einen weiblichen Menschen, den man beim besten Willen nur als Tomate beschreiben konnte, das Tomatenhafte an ihr war so augenfällig, daß ihr sogar, wenn sie in Polyesterbluse den Rollstuhl mit der gebrechlichen Mutter die Straße runterschob, Männer folgten und ihr Dinge antrugen, die man niemandem in Gegenwart seiner Mutter vorschlagen sollte. Schließlich warf sie das Handtuch und zog nach Italien, der natürlichen Heimat der Tomate, wo zehn ihrer saftigen Artgenossinnen für eine Lira zu haben sind und sie unbehelligt über die Straße gehen kann. Man kann eine Kuh auch daran erkennen, daß sie zuviel über Frauenfreundschaft spricht: Frauenfreundschaft ist eine feine Sache für Teenager und alte Weiber, die beide auf ihre Art so nervtötend sind, daß nur eine seelenverwandte Knallschote sie länger als zehn Minuten ertragen kann. Mädchen in der Blüte ihrer Jahre aber sollten davon Abstand nehmen, im Kabuff zu sitzen und ihre Wunden zu lecken (pardon, »ihr Bewußtsein zu erweitern«) – sich im Ghetto zu verkriechen, war noch nie eine gute Idee.

Kühe hat es immer schon gegeben. Prostituierte sind Kühe, es sei denn, sie sind echte Schönheiten (ungefähr so rar, wie hochgeklappte Klobrillen in einem Damenstift), sehr reich, schwingen Peitschen oder sind sehr jung und haben sich einen Sinn für die feinen Unterschiede zwischen Gefühl und Geschäft bewahrt, sagen so reizende, spitze Dinge wie: »Küss' mich nicht auf den Mund, der gehört meinem Freund.«

Fotomodelle, die man für das engagiert, was einmalig am Menschen ist, die Komposition von Augen, Gliedern und Lippen, sind niemals Kühe; aber nackte Fotomodelle sind es, das dann um so trauriger. Schwangere sind Kühe (jede sollte mal schwanger sein, aber nicht zweimal, es sei denn, man wird dafür bezahlt – denn es ist eine wirklich ernüchternde Kostprobe davon, wie unser Leben aussähe, würden wir so leben, wie von der Natur bestimmt, ohne ungesunde chemische Mittelchen: hilflose Gefangene des eigenen Körpers. Ein gräßlicher Tod kann kaum schlimmer sein als ein natürliches Leben), die mit glasigem, leerem Blick in Reih und Glied antreten, um sich von als Ärzten verkleideten Veterinären befingern zu lassen. *»Don't try to understand 'em / Just throw a rope and brand 'em«* singt Camp-Oldie Frankie Laine über dem *Rawhide*-Abspann, und ich wette, er besingt eine Entbindungsstation.

Feministinnen sind im allgemeinen keine Kühe, aber die Greenham Common Frauen sind es, muhend und stampfend in schlammiger, ländlicher Selbstvergessenheit.

Die erschütterndste Entwicklung des Kuhismus sind die Sirenengesänge derer, die man fälschlich für weitsichtige, intelligente Frauen gehalten hatte: die Wiedergeborenen Kühe. Erin Pizzey war eine der ersten: Betty Friedan, die all-american Kuh. Die Autorin Susan Hill ist ein eleganter Typ der WGK (nie zuvor brachten so wenige so reiche Ernte für so viele ein), Germaine Greer ist die lauteste WGK mit ihrer Botschaft von Ketten-Schwangerschaft als Heilmittel für alle Übel dieser Welt, und Fräulein Christine Hynde, die Sängerin, während der Siebziger das smarteste Girl schlechthin, ist nun eine waschechte Kuh, die davon redet, den Schmutz von den Straßen zu fegen (Schmutz meint in dem Zusammenhang: Hipster mit ungesunder Gesichtsfarbe, die vermutlich unter irgendeiner Droge stehen – sie selbst hat ihre Zwanziger so rumgebracht, Hergottnochmal!). Aber WGKs klopfen nun mal gerne die »Tu nicht, was ich getan habe, tu, was ich Dir sage«-Sprüche. Die Wiedergeborene Kuh ist weit schlimmer als ihre Siebziger-Vorläuferin, die Erdmutter, denn die Erdmutter trug schon immer die Saat in sich, und als sie in ihrem späten Frühling auskeimte, war es keine große Sache – an ihren Fesseln war eh nichts berichtenswertes drangewesen. Wiedergeborene Kühe geben sich nicht wie die Erdmütter damit zufrieden, still in die Breite zu gehen, sondern laufen herum und propagieren das Kuhtum für alle Frauen, Mädchen und Tomaten. Sei stets auf dem Quivive, und wenn Dir das nächste Mal eine schlafmützige WGK erzählt, daß Du, weil ein weibliches Wesen, auch automatisch intuitiv, mütterlich und einfühlsam bist und daß Männer Tiere sind, die man zähmen und dressieren muß, dann tritt ihr gegen's Schienbein und hau ab. Eine Kuh ist eine Kuh, und es ziemt sich für sie, sich auch so zu verhalten, auf einem kleinen Feld zu stehen, ein bißchen wiederzukäuen, sich fortzupflanzen und ansonsten Gott einen guten Mann sein zu lassen, bis es ans Schlachten geht. Aber das ist kein Leben für Dich. Hüte Dich vor der WGK und ihrer Frohen Botschaft, daß Frauen Engel und Männer Unholde sind; es ist die giftigste, restriktivste Botschaft des vorfeministischen Mittelalters, und dieser neue Hype von Frau als Heimchen am Herd (oder am Raketenstützpunkt) ist nicht weniger unheilvoll, wenn er von einer Frau anstatt von einem Mann verkauft wird.

Die letzten Tage der Heuschrecke

(Last Days of the Locust)

»I walk along the street of sorrows / The Boulevard of Broken Dreams / Where Gigolo-and Gigolette / Can take a kiss – without regret / So they forget their broken dreams / You laugh tonight and cry tomorrow / When you behold your shattered schemes / And Gigolo-and Gigolette / Wake up and find their eyes are wet / With tears that tell of broken dreams... Here is where you'll always find me / Always walking up and down / But I left my soul behind me / In an old Cathedral town / The joy that you find here you borrow / You cannot keep it long it seems / But Gigolo-and Gigolette / Still sing a song / And dream along / The Boulevard of Broken Dreams.«
Song aus dem Warner Musical »Moulin Rouge« von 1934, auf Anweisung von Jack Warner herausgenommen – »Zu deprimierend!«
Jedesmal wenn eine neue Bananarama-Single auf den Markt tänzelt, sondern gewisse Moderatorengenies eine ganz besondere Sorte von Gegeifer ab. Dieses Sabbern ist meilenweit entfernt von der theatralischen Bewunderung, die sie sich noch für, sagen wir, Kim Wilde, oder früher einmal für Debbie Harry abringen konnten. Nachrichtenleute und Techniker werden rüber zum Mikrophon gebeten, und der DJ fragt sie, welche von ihnen sie ›wollen‹. »Gib mir diese!« »Ich mag die!« »Welche ist das – Keren!«
Es gibt eine eigenartige Form der Respektlosigkeit, die Bananarama im Musikbusiness erwiesen wird: Sie sind HÜBSCHE

SÄNGERINNEN, die weder ihre INSTRUMENTE SPIELEN (ein Instrument spielen zu können ist für die Boys-Brigade, Abteilung Muse-Biz, von entscheidender Bedeutung) noch ihre Stücke selbst schreiben (die Belle Stars, sensationell untalentiert, konnten den Anzüglichkeiten und der Häme, denen Bananarama ausgesetzt sind, entgehen, weil sie beide Bedingungen, wenn auch ärmlich, erfüllten). Und HÜBSCHE SÄNGERINNEN sollen gefälligst Svengalis und Beschützer haben – Miss Wildes Vater und Bruder als augenfälliges Beispiel, oder Miss Harrys Freund, der immer hinter ihr her tigert –, sie sollen ein Brandzeichen tragen, ein »Betreten verboten«, ein »Eigentum von ...«. Und wenn sie kein Brandzeichen hat, ist eine junge, attraktive Sängerin selbst heute Freiwild für das Schaurigste an verbaler Anmache.

Es ist gut belegt, daß Bananarama in erster Linie deswegen zu Ruhm kamen, weil Fun Boy Three ein Bild von ihnen sahen, Gefallen an ihnen fanden – wer würde das nicht? – und eine Platte mit ihnen machen wollten. Für die alten Hasen des Musikbusiness – die trotz des Festtagstaates, der getrimmten Haare und Schlaghosen alle immer noch ziemliche Üb-immer-Treu-und-Redlichkeit-Trad-Dads sind – muß diese Art von Einstieg ins große Geschäft verblüffend nach Hollywood ausgesehen haben. »Hey, baby, you wanna be in pictures?« Es muß dieser unschuldige Start gewesen sein, der Bananarama in das wenig beneidenswerte Eckchen geführt hat, das sie heute einnehmen.

Natürlich ist das hier offensichtlich eine fingierte Anklage – Bananaramas Anziehungskraft und Gebrauchswert sind eindeutig, sie haben eine Frisch-Gestrichen-Schönheit und eine Unbeholfenheit, die frisch geschminkte aber unbeholfene Teenagermädchen anspricht, die – stell ich mir vor – den Großteil ihres Publikums ausmachen. Aber es bringt mich auf die alte Svengali / Trilby Sache, und wie Rock and Roll sie komplett von Hollywood erbte; ich fand sie faszinierend, nicht die jugendfreien, schwarzen Märchen über Spector und Ronnie und Gordy und Ross, sondern die dunkleren Geschichten, die verboteneren, über die desperaten Sugar Daddies. Weil natürlich Rock and Roll immer eine Sache der Jungs war, und weil die reine Schwemme an Jungs bedeutete, daß viele Trilbies nicht auf Mädchen standen.

Dieser Bereich der Aktivität ist nur wenig dokumentiert, wahrscheinlich weil es das Bild von männlicher Nachfrage und weiblichem Angebot verdirbt, weil der homoerotische Impuls des Rocks genauso peinlich einzugestehen ist wie der des Fußballs – wer kehrt schon gern vor der eigenen Tür. Hollywoods Mogule dagegen waren die größte Bande von heterosexuellen Spießern, die jemals eine Sekretärin wegen ihres Tempos beim Ausziehen statt bei Diktat einstellten, und diese Entwicklung hätte sie gestört – in allen anderen Punkten hätten sie den Rock-and-Roll-Rummel von seinem Anfang bis zu dem Punkt, wo der Einfluß von den Svengalis auf die altklugen Singer / Songwriter überging, als ihr eigenes, heißes Jagdgebiet anerkannt.

Irgendwann in den Fünfzigern, als die Filmindustrie in ihren Vierzigern war, in den besten Jahren, hörte Hollywood auf, HOLLYWOOD zu sein, und wurde ein Ort des Business, sorgenvoll, respektabel und irgendwie magenkrank wie jeder andere Businessman, dessen Geschäfte schlecht gehen. Es gab das TV. Es gab die Agenten (Kurt Frings, der neben anderen Audrey Hepburn und Elizabeth Taylor vertrat, wurde oft »The Man Who Killed Hollywood« genannt), die Schauspielern halfen, aus langfristigen Studioverträgen zu entkommen, und für sie gigantische Summen für einen einzigen Film aushandelten (Frings verschaffte Taylor ihre coole, berühmte Million für *Cleopatra*) – die schließlich der Studiomaschinerie und dem Geist Hollywoods den Garaus machten.

Schauspieler, im Method-Osten geschult, benahmen sich unmöglich und unabhängig und waren nicht gewillt, ihren Körper als harte Währung einzusetzen. Die dunkelhäutigen Boatpeople, die Hollywood in der kalifornischen Wüste hatten erblühen lassen, wie es andere, anständigere Juden in Palästina getan hätten, waren tot, und ihre geliebten Firmen gingen in die Hände von vornehmen, nichtjüdischen Unternehmen über, die nichts von der stählernen Härte und der Sentimentalität hatten, derer es bedarf, um einen guten Film zu machen. Von der größten Goldgräberstadt aller Zeiten, der Holden, deren Ruf einsame Jäger aus der ganzen Welt folgten, war nichts geblieben, außer dem Wahrzeichen Hollywood. *Etwas* mußte kommen, daß so gewaltig, so schäbig, so gefräßig, naiv, grausam, korrupt und so desperat war wie der tote Magnet. Irgendeine großartige, schäbige Barackenstadt, die unter dem Banner des Ehrgeizes die sehr Feinfühligen, sehr Zähen, sehr Fähigen und sehr Halbseidenen vereinigen würde. In den Fünfzigern wurde Heuschreckenland verlegt, und Sammy Glick wechselte die Pferde. Und das nannten sie Rock 'n' Roll.

Die neue Boomtown startete nicht mit einem spöttischen Lächeln, nicht einmal mit einem Kußmäulchen, sondern mit einem Winseln: Johnny Ray, halb taub, deprimiert, religiös, empfindsam, oberflächlich, versoffen, lächerlich und hysterischer geliebt als jeder andere Mann seit Valentino. Es war Ray, der die Wende in der populären Musik brachte: von der Stimme zum Act – die Wurzeln des Pop liegen nicht in der populären Musik, sondern in den Auftritten charismatischer Freaks: nicht Glenn Miller und Bing Crosby, sondern James Dean und Aimee Semple McPherson – vom Sänger (Sinatra, Benett) zum Showman, vom Schüren schwelender Bewunderung seiner Fans zum Provozieren immer hysterischerer Anfälle durch das eigene hysterische Verhalten – Ray wurde zweimal von denen, die ihn am meisten liebten, bewußtlos geschlagen; sehr Westen, sehr Heuschrecke. Er brach in Tränen aus, wenn er »Cry« oder »The Little White Cloud That

Cried« sang, und er knallte seinen Kopf aufs Piano, wenn ihm alles zuviel wurde. Er war die Jayne Mansfield des Pop, völlig benommen, unselbständig und unberechenbar, ohne den geringsten Verdienst dagegenzusetzen, was auch immer – keine Stimme, keine Songs, keine Musik. Aber bis 1953 verdiente er mehr als 150000 Dollar die Woche, ungefähr doppelt so viel, wie ein beliebter Filmstar mit Studiovertrag für einen Film bekam, dessen Herstellung um die drei Monate dauerte. Seine eingestandene Freakigkeit, gepaart mit seinem enormen Erfolg, gab als Tonfall des Pop für alle Zeiten endgültige Hysterie vor, Boomtownhysterie, Goldrauschhysterie. Es hatte sich gezeigt, daß, wenn man sich vor anscheinend normale Leute hinstellt und ihnen seine eigenen Wunden unter die Nase reibt, sie einen im Nu zum Millionär machen können.

Dies war etwas Neues in der Musik, und dies war Pop; Johnny Ray war mehr für die Bedürfnisse zuständig, die das zahlende Publikum auf organisierte Gaff-Touren um Irrenhäuser führt, als das Bedürfnis, das eine Million Füße im Takt zu Glenn Miller hatte wippen lassen. Glenn Miller bediente ein gesundes, physisches Verlangen, Bedlam einen kranken Geschmack, und Pop mit seinem endlosen Aufmarsch von Freaks tendierte mehr zu Bedlam. Es war kein Zufall, daß Colonel Tom Parker ein ehemaliger Schausteller war. Er erkannte einen Irren, für den das Publikum zahlen würde, wenn er ihn vor sich hatte. »Der Mann, der alles beendete und alles begann«, nannte Virginia Ironside Ray in einem ungewöhnlich inspiriertem Moment, und das ist die bisher treffendste Beschreibung; vor Ray waren bloßes Talent und Stimme genug, aber nach Ray mußte man weniger ein Sänger als ein Gefühls-Zeiger sein – um wirklich groß zu sein, muß man eine neue Art von Freak sein, ein größerer Freak als der Freak davor.

Johnny Ray, der Unglücksfreak, wurde entthront von etwas noch ausgefallenerem, als einem Mann der weint – ein weißer

Entertainer, der sich bewegte, als wäre er es gewohnt Sex zu machen, in einer Zeit, in der jeder weiße Entertainer in Amerika agierte, als bestände er zwischen Kragen und Knie aus Antimaterie – ein Sexfreak. Ray verschwand, und der einzige Beweis dafür, daß er jemals existiert hatte, waren die gelegentlich auftretenden Unglücksfreaks – Roy Orbison, Gene Pitney –, die in den frühen Siebzigern aufkamen und das Publikum für das Privileg zahlen ließen, ihre Tränen zählen zu dürfen.

Die Sexfreaks gaben sich die Klinke in die Hand... Amerikaner haben ein kurzes Gedächtnis und Harlow, West und Valentino brachten niemanden mehr nachts um den Schlaf: Für Amerika mußten Presley und Monroe wie die ersten Sexfreaks der Welt erscheinen. Selbst als das hirnverbrannte Gewäsch über »The Body« und »The Pelvis« verstummt war, schaute niemand wirklich hinter das Äußere nach dem angeblichen Talent; niemand mochte jemals Elvis' Stimme, fand ihn aber häßlich, niemand bewunderte Monroes Schauspielkunst, fand sie dabei aber unattraktiv.

Man verliebte sich in die Schale und gab vor, das rohe, traurige, sich windende Ding innen drin zu mögen. Keiner reagierte wirklich auf Monroe und Presley als Schauspielerin und Sänger, sondern auf sie als aufgemotzte, xxx-rated Gypsy Rose Lees – Varietégötter der Massenmedien. So groß, so aufgeblasen, so... amerikanisch. England würde doch sicher nicht fallen?

Aber das Nachkriegsengland, kräftig durch Amerika verdorben, lehnte sich zurück und versuchte seinen Spaß daran zu haben. Bis zu den späten Fünfzigern war eine dröge, säuerliche, rührende Zeit, waren Fair-Play und Wissen-wo-man-hingehört für immer dahin, und SEX, MONEY, VIOLENCE, das *Liberté, Egalité, Fraternité* des Amerikanismus, hatte sich eingenistet.

Diana Dors trug ihren Mini-Bikini. Politiker zahlten, um die

Peitsche zu spüren. Rachman führte seine Schäferhunde aus. Das Landmädchen Christine Keeler verließ das kleine Kaff Wraysbury und nahm einen Zug zu sicherem Ruhm. Die Kray Zwillinge lebten in East 11 im Siebten Himmel. Es war die Zeit des Gangsters, des Ganeffs und des Starlets. Es waren die ersten Schritte des Kulturtotentanzes, und nichts wäre normaler erschienen als die Parade der Freaks.

Am Anfang war es etwas anders. Jazz war nur wie Marihuana in den westindischen Clubs von West-London zu kaufen. Das Radio spielte unablässig einen Swingmatsch, die Sorte Musik, die seit den Vierzigern populär war – billige Kopien von amerikanischen Bigbands – Ted Heath, Joe Loss, Ronnie Scott – alle mit dem obligatorischen etepetete, schmierigem Sänger angeberisch vornweg – Lita Roza, Dennis Lotis, Ronnie Hilton. Das Musikbusiness drehte sich um die an der Denmark Street massierten Verlegerbüros, Notenblätter waren immer noch wichtiger als Schallplatten; die Verleger waren verheiratet, jüdisch, in den besten Jahren und vom sterbenden Varieté in die populäre Musik verschlagen – Toytown Harry Colins, mit all den Ambitionen und nichts von dem Talent. Und sie regierten ein Spielzeugkönigreich namens Tin Pan Alley.

Das Brill Building, der berühmteste Songwriting-Betrieb Amerikas, wurde durch die zeitliche und räumliche Distanz zu einer Legende, zu einer Walhalla der Bronxgötter; ein Ameisenhaufen vor Energie bebender jüdischer Teenager, die sich mit saftigen Frischlings-Hymnen abschafften, 100pro zweibeinige Jukeboxes. Das Brill Building hatte die üble Angewohnheit, waggonweise Blindgänger auszuliefern, aber der Mythos blieb. Tin Pan Alley ist nie mit etwas anderem als Spott bedacht worden – aber Lionel Bart arbeitete dort, »Living Doll« und ebenso John Barry; Manager, Promoter, Verleger liefen von früh bis spät drängelnd, grabschend und quackquack-quatschend in Soho herum – Sammy Glick hätte sich dort absolut heimisch gefühlt.

Wenn man eine gute Ader für Showbizkapitalismus auf selbstgefälligen, schäbig-gloriosen Hochtouren hat, dann können die heruntergekommenen, überlaufenen Nächte in W1, voller hungriger, junger Lyriker, die bei »Julie's« über eiskalt nüchternen Kaffeetassen sitzen und darauf warten, daß auf dem leeren Blatt Papier vor ihnen ein Wunder geschieht, einem nichts anderes als die Überzeugung eingeben, daß der erste Singer/Songwriter ohne Vorwarnung hätte erschossen werden müssen und daß Tin Pan Alley ihrem grellen Stil gemäß eine traumhafte Sache war.

Nik Cohn, vom Unglück verfolgter Erleuchteter: »Rock brachte Unternehmer, die jünger, schneller, hartgesottener und cleverer waren. Die meisten von ihnen waren homosexuell. Sie sehen einen Jungen in einem Pub sitzen, finden Gefallen an ihm und nehmen ihn unter Vertrag. Sie nehmen ihn mit ins Bett und finden ihn wahrscheinlich bald langweilig. Der Stern des Jungen verblaßt, und er verschwindet wieder. Oder gelegentlich entpuppt sich einer letztendlich als Steher, und er hält sich irgendwie über Wasser.«

England brachte niemals einen Johnny Ray hervor – ein Mann, der für seinen Lebensunterhalt heulte, aus dem Land der steifen Oberlippe? –, aber die Sexfreaks waren unwiderstehlich. J. Arthur Rank richtete eine Fabrik ein, um Monroes zu produzieren, und eine Auswahl von Herren ging in die Elvis-Industrie. Der erfolgreichste Fabrikant war Larry Parnes, der nicht für ein einzelnes singendes Starlet Svengali war, sondern einen ganzen Stall hatte, wie in alten Zeiten – Darryl Zanuck, wie er lebt und lügt! Seine Elvettes waren weniger Sexbomben als Sexgranaten – schmollend und seufzend, statt scharf und resolut – aber sie verkauften sich. Parnes behandelte seine Jungs wie die blödesten Nulpen, die jemals gelebt haben, und gab ihnen klangvolle Namen, wie man sie seit den Tagen von Louise Lovely nicht mehr gehört hatte – Wilde, Keene, Fury, Goode, Power, Eager, Fortune, Justice, Fame, Gentle, Pride; und laßt uns niemals Cuddley Duddley vergessen. Er unternahm nie den Versuch, passendes Material für die Freaks seiner Sammlung zu finden, er knallte ihnen nur den jüngsten amerikanischen Hit hin und ließ sie ihn covern, so gut es ihre Fähigkeiten zuließen. Sobald ihre Schmollmünder begannen schlaff zu werden, wurden sie von den *Batley*-Geiern verschlungen. Kurz, sie wurden so behandelt, wie man es mit jungen, weiblichen Entertainern auch immer gemacht hat.

Es war Pop, der schließlich die Jungs auf die Casting Couch zwang, und junge, männliche Entertainer zu dem anonymen, käuflichen Fleisch machte, das die jungen weiblichen Entertainer schon immer waren. Sie brauchten keine Stimme und keine Songs – Technologie und amerikanische Almosen kümmerten sich darum; alles was sie brauchten war ein *Gesicht*, die langen Wimpern, die schlabberige, rosa Unterlippe. Und Hunderte hatten dieses Gesicht. Es war ein Käufermarkt, und die Jungs wurden dementsprechend eingekauft.

Es überrascht nicht, daß Homosexuelle vom Post-Elvis-Pop angezogen wurden. Das Image von Elvis, rauh, jung und hübsch, war nicht traditionelle, heterosexuelle Wunschvorstellung – die war etwas insgesamt Geheimnisvolleres und Gezierteres, von Valentino bis Sinatra –, aber es war ein uralter, homosexueller Traum. Die Gelegenheit, nicht nur unter diesen Jungs zu sein, wo sie sich versammeln, um Aufmerksamkeit auf sich zu ziehen, sondern tatsächlich auch noch *Geld* an ihnen zu verdienen und sie anzumachen, war unwiderstehlich. »Hey, baby, you want to be in pictures?« hatte nun ein umgekehrtes Äquivalent: »Hey, son, you want to be a popstar?«

Es gibt da ein frühes Fanclub-Foto von Cliff Richard, auf dem er vorgeblich Fanpost liest; sein offenes Hemd enthüllt eine rosige, angeschwollene Brustwarze, an der Cliff angeblich unbewußt herumspielt. Das Bild, verschämt, aber derb, ist pure homosexuelle Heftchenkunst, und die Tatsache, daß ein so offensichtliches Stück Gay-Softporn seinen Weg an zahllose, jungfräuliche Schlafzimmerwände gefunden hat, ist ein herzzerreißend unschuldiges Paradoxon.

Viele der Jungs, die in Scharen zu Tin Pan Alley strömten, und der Männer, die das Sagen hatten, waren Ex-Handelsmatrosen, Jungs auf der Suche nach irgendwas, Herumtreiber. Seeleute hatten von je ein flexibleres Verhältnis zum Sex als die meisten anderen. Es gibt den alten Spruch: »On land it's wine, women and song – at sea it's rum, bum and concertina.« Die Jungs wurden benutzt, aber sie hatten auch ihren Nutzen – es gab die Chance, wenigstens einen Hit zu haben und höchstens einen Svengali zu bekommen, der sich einem mit Leib und Seele widmet und der einen berühmter macht, als man es sich jemals hat träumen lassen.

Es ist Ironie, daß die Nummer, die den hübschen Sängerknaben, das Svengali-System und Tin Pan Alley aus dem Geschäft warf, in der typischen verschwitzten, gierkranken Casting-Couch-Weise entdeckt wurde.

Im Oktober 1961 war Brian Epstein ein properer, 27 Jahre alter Homosexueller, der in dem Elektrogeschäft seiner Eltern arbeitete – NEMS, in Whitechapel, Liverpool, ein Laden mit einer großen Schallplattenabteilung, prahlerisch angepriesen mit »The Finest Selection In The North«. Als er beim Wochenendandrang aushalf, kamen drei junge Leute herein und fragten nach einer Single, »My Bonnie« von den Beatles, »mit einem A«. Epstein hatte noch nie von den Beatles gehört. Er machte sich eine Notiz: »The Beatles – Check on monday.«

Im Cavern sah er sich vier in Leder gehüllte und in Schweiß gebadete Jungs an, die am hellichten Tage in der Dunkelheit herumalberten. Seine Phantasien wurden wahr, Epstein war hin und weg. Er sprach mit Paul und George (»What brings Mr. Epstein here?«) zwischen den Auftritten, aber wenn sie auf der Bühne waren, konnte er kein Auge von John Lennon lassen. Er folgte ihnen überall hin, doch wenn einer von ihnen ihm in die Augen sah, errötete er. Sie fühlten sich durch seine Aufmerksamkeit geschmeichelt.

Aber die Beatles waren eine geschlossene Gesellschaft, geschickt im Ausschließen des Restes der Welt, und seine Verlegenheit hinderte ihn daran, geradeheraus zu fragen, ob er sie managen könne. Schließlich, bei einem nachmittäglichen Treffen im NEMS Laden, rückte er endlich damit raus. Die Beatles würden einen Manager brauchen, er wolle den Job machen. Wollten sie ihn?

Stille, dann sagte Lennon: »Ja.«

Ironischerweise, obwohl es ihre Muckimann-Rauheit war, die seine Aufmerksamkeit erregt hatte, mußte er sie erst auf sauber trimmen, um sie akzeptabel zu machen – er mußte sein Wunschbild zerstören, um die Realität intakt zu halten. Er liebte sie und widmete ihnen unendlich viel Zeit für wenig Belohnung. Nach der ersten Buchung, die er ihnen für ein Cafe an der Dee Estuary verschafft hatte, war der Gewinn gerade mal über 1 Pfund.

Mit den Beatles zu reden ängstigte ihn immer noch – Lennon machte es sich zur Gewohnheit, ihn anzustarren, und je mehr Lennon starrte, desto stärker errötete und stotterte Epstein. Wie durch ein Wunder faßte er den Mut, Lennon übers Wochenende nach Kopenhagen einzuladen. Ein Freund riet ihm zu fahren. »Halt's Maul«, sagte Lennon, »kannst du nicht sehen, daß er hinter mir her ist?«

Aber bald war es Frühjahr 1963. John Lennon hatte eine Platte auf Nummer Eins und einen Sohn, noch auf der Entbindungsstation. Lennon, kolossale Kasserolle von Neurosen, die er war, fühlte sich jetzt Manns genug, Epsteins Boy zu sein. Epstein fragte wieder, und keiner von ihnen konnte anders, obwohl Cynthia Powell Lennon sprachlos war und Epsteins Freunde ihn warnten, er solle seine Position nicht

gefährden. Sie gingen gen Spanien, wo nichts zwischen ihnen stand, wie es bei Radclyffe Hall geheißen hätte.
Ein Beatle zu sein wurde bald zu einem Eight-days-a-week-Job, und sie nahmen sich keine Zeit für Ehefrauen, Manager oder irgend jemand. Epsteins Aufmerksamkeit wandte sich einem jungen Menschen aus Bootle, Billy Ashton, zu, den er dessem alternden Manager Jed Knibbs für die fürstliche Summe von 50 Pfund abgekauft hatte. Epstein modelte ihn um und führte ihn George Martin vor, der nicht gerade beeindruckt war von der Ausstrahlung des Billy J. Kramer. Aber Epstein bestand hartnäckig darauf, daß »Mein Billy« Erfolg haben würde; er gab ihm einen Lennon-McCartney-Song, »Do You Want To Know A Secret«, und ließ George Martin seinen Kram machen, Double-Tracking und das Ausfüllen der Schwächen in Kramers Stimme. Er schaffte es auf Nummer Zwei.
Seine Nummer Eins, Lennon, verhielt sich mittlerweile Epstein gegenüber moralisch so hemmungslos wie jemand, der seine Frau mißhandelt, und reagierte seine ganzen Manien und Ängste an seinem Manager ab. Epstein litt Todesqualen an seiner Sexualität, machte sich selbst vor, daß dieser Junge nichts davon wüßte, verzweifelt mauschelnd, um seine verräterischen Erpressungstricks verborgen zu halten; dennoch konnte Lennon laut und kalt in einer überfüllten Garderobe, wenn Epstein nervte, sagen: »Nun, wie soll ich mein Buch hier nennen? *Schwuler Jude*.« Oder Epstein sitzt wie sooft in einer Entziehungskur, und Lennon schickt ihm Buketts mit Nachrichten wie »Weißt Du, ich liebe Dich – ich meine das ernst«, die ihn unweigerlich in Tränenströme ausbrechen ließen.
Es kam der Tag, wo die Beatles – in ihrer pathetischen Suche nach der unerreichbaren *Klasse* – die Gesellschaft von in ›besseren‹ Kreisen schmarotzenden Hippie-Arschlöchern der Gesellschaft des anständigen, neurotischen, begabten Mu-

seumsstücks Epstein vorzogen. Als Mann von hochfliegenden Emotionen, aber begrenztem Vorstellungsvermögen, wollte er der neue Larry Parnes sein, und die Beatles, untadelig modisch, wußten dies und verachteten ihn dafür. Mit der Beatlemania vor der Tür, auf der Schwelle zum größten Phänomen, das das Showbusiness jemals gesehen hatte, sah er die Beatles immer noch als Teil seines ganzen Stalls von Stars – als Favoriten sicherlich, aber nichtsdestotrotz als Mitglieder seines Stalls.

Ein NEMS-Reklameblatt der Zeit zeigt alle seine Jungs als bloße, körperlose *Gesichter* – die Beatles, Gerry and his Pacemakers, Billy and his Dakotas – alle um das lächelnde Gesicht von Mr. Brian Epstein herumschwebend, der die Akademikerkappe eines Schulmeisters trägt. Unbeabsichtigt hat Brian Epstein das ruiniert, was er am meisten liebte, hatte das Heuschreckenland von Tin Pan Alley abgemeldet, wo es an einem guten Tag zwei Bettknaben für jeden Svengali gab.

Die Beatles hatten beim King der Hippiedrecksäcke, dem Maharishi Yogi, zu tun, als Epstein die Begleitagenturen anrief und feststellen mußte, daß jeder Boy für die späte Stunde vergeben war (sie wären ohnehin nur ein trauriger Ersatz für die Jungs, die er wirklich wollte, gewesen), und das Carbitol nahm, das seinem traurigen, erfolgreichen Leben ein Ende machte.

Das Starlet/Svengali-hin-und-her-Lager des Pop wurde durch das Einschlagen der Beatles dezimiert; junge Männer erkannten, daß es keiner dreißigjährigen Erfahrung in leichter Musik bedarf, um Popsongs zu schreiben, und begannen ihre eigenen zu schreiben, raubten den Textern, Komponisten und Verlegern viel ihrer Macht, ganz zu schweigen von ihrer Anziehungskraft. Und junge Männer, die sowohl schreiben als auch singen, neigen dazu, eine sehr hohe Meinung von sich zu haben – ich würde sogar sagen, daß es keinen Singer/Songwriter unter der Sonne gibt, der sich nicht für ein verfluchtes Genie hält – und sind deshalb kaum gewillt, ihre Kunst im wahrsten Sinne des Wortes zu prostituieren; es ist ziemlich schwierig, sich, sagen wir James Taylor, vorzustellen, wie er von einer wandelnden Zigarre in großkariertem Anzug, die ihm verspricht, ihn zum Star zu machen, rund um einen Tisch gehetzt wird.

Aber die Welt ist voll von hübschen Jungs, wie Jackie C sagen würde, und auch voller einsamer Gentlemen, und es war unvermeidbar, daß ein paar durch das von den Beatles gewobene Sicherheitsnetz fielen.

Kenneth Pitt tat sich während der letzten, tödlichen Tage von Chelsea mit La Judy zusammen, ›entdeckte‹ dann Marty Kristian, den er von Australien nach London gebracht hatte und der später zweifelhaften Ruhm als hübschester, affenartigster der New Seekers fand, und Crispian »Ich-werde-größer-als-Elvis« St. Peters. Er hatte einen Blick für hübsche Bengels mit winzigem Talent, aber abgesehen davon kann er nicht viel anders gewesen sein als die heimlich herumfummelnden Spießer, die Tin Pan Alley durchstreiften.

Er traf Bowie 1965, als Bowie 19 war. »Ich suchte nach jemandem, der aus der Popwelt als Star hervorgehen konnte, nicht als Gitarren-Cowboy. Es gab zu jener Zeit keine unternehmungslustigen Tommy Steeles. Niemand sonst lernte zu schwindeln, zu tanzen und zu schauspielern und auch noch Singen und Gitarrespielen. Als ich David zum erstenmal unten im Marquee sah, dachte ich, er sei jemand, den man so aufbauen könnte, wie ich mir das vorstellte.«

Bowie war nicht der zähe, smarte Typ, der er heute ist. Seine Ambitionen zu der Zeit waren laut Presseverlautbarung, »in einem Musical aufzutreten und in einem Film zu tanzen« (ach, nicht reisen und Leute kennenlernen?). Er war ein selbstbesessener, erfolgloser Youngster – und die Aufmerksamkeiten eines kunstverständigen Gentleman mit unbegrenzten Verbindungen müssen himmlisch erschienen sein.

So stimmte er den Plänen zu, dem Etikettenschwindel und allem anderen.
Bowie lebte zwei Jahre im Gästeschlafzimmer von Mr. Pitts Wohnung in Marylebone; es war eine steinerweichend respektable und ritterliche Beziehung. Mr. Pitt wurde nach Hause in die Home Counties gebracht, um die Eltern kennenzulernen, und ward von da an zu einem engen Freund von Mr. Jones dem Älteren, mit dem er stundenlang über Davids Karriere diskutierte. Mr. Jones schrieb einmal an Mr. Pitt: »Wenn er in der Stadt ist, sind wir glücklich, ihn in ihrer wachsamen und freundlichen Obhut zu wissen.«
Der junge David Bowie war mit chronisch schlechtem Timing geschlagen, versuchte so offensichtlich aus zweiter Hand stammende Masken, daß niemand interessiert war. Zu spät Beat, zu spät Newley, zu spät Dylan; Pitt fand zwischen 1966 und 1968 wenige Jobs als Model und Tänzer für ihn. Seine kurzen Affären mit Buddhismus und Ballettänzern führten ihn immer wieder zurück zum Gästeschlafzimmer.
Während ihrer vierjährigen Verbindung gab Pitt Tausende für Bowies hirnrissige Projekte aus, Projekte, die offensichtlich nicht den geringsten Gewinn bringen würden. Aber 1969, als er immer noch ein gewaltiges Zuschußgeschäft war, verkehrte Bowie trotzdem mit Hippies und Egomaniacs, die ihm erzählten, alle Manager seien Vampire, die Zähne blutig von Teenagertalent. Und er glaubte es, weil er sein Versagen einem anderen als sich selbst in die Schuhe schieben mußte. Er verließ Pitt für immer, zum Besseren oder Schlechteren, für häusliches Glück und Weltherrschaft und den Katzenjammer, der auf beides folgt.
David ›Bowie‹ ist im Grunde seines Wesens ein mieser Typ, und niemand hätte Mr. Pitt mieser behandeln können. Bowie schickte ihm zwei Tickets für Earls Court – ziemlich beleidigend, einem Mann von reiferen Jahren und Lebensart zuzumuten, sein Glück unter 18000 fanatischen Fans zu versu-

chen. Das einzige, was noch an ihn erinnert, ist die Fotografie auf dem Kaminsims, gezeichnet mit »Ich liebe Dich, David«. Alte Svengalis sterben nie, sie starren nur ihre verblassenden Fotos an.

Wenig Schatten blieb von der Beat Boomtown Castin Couch; 1977 erzählte mir Tom Robinson tief geschockt von dem dikken Maxe, der im echten Denmark-Street-Stil prahlte, »Du mußt entweder jüdisch oder homosexuell sein, um es als Manager in diesem Geschäft zu was zu bringen, und ich bin beides«, bevor er versuchte, den Jüngsten und Schönsten der Band anzumachen.

Aber dieser anzüglich grinsende Dinosaurier war hoffnungslos out of date. McLaren hinter Rotten, Rhodes hinter Strummer – diese Männer wollten nicht die Jungs HABEN, sie wollten sie SEIN.

Nur zwei der heutigen Pop-Starlets – eins ein Mädchen, eins nicht – haben die Chaise der Schande auf der Jagd nach dem Ruhm bestiegen; im großen und ganzen war Pop noch nie gemütlicher. Die Karrieren der Leute werden von ihren Vätern gelenkt (Weller, Wilde), von ihren Brüdern (Altered Images) und ihren Kindheitsfreunden (Spandau Dagger). Die entscheidende, gewaltige Zwielichtigkeit ist aus dem Pop verschwunden – ein durchschnittliches Versicherungsbüro birgt mehr Geschichten von nackter Lust, Habgier und Ruhm.

Das ist ja alles ganz schön für die *Mütter* der Crooner... aber wenn man die feigen Combos sich darum balgen sieht, für eine dankbare, mit den Zehen wippende Royalty spielen zu dürfen und man das neueste, frettchengesichtige Pin Up sich aufplustern hört »Weder Drogen noch Alkohol! Weder Drogen noch Alkohol!«, muß man da nicht das Gefühl haben, das Frühstück käme einem hoch? Glaubst Du nicht, daß Pop zu sehr eine Mischung aus Krabbelkiste und Gymnasium geworden ist? Wünscht Du nicht, der Schweiß solle anders schmecken, lieber der Geschmack des schnellen Lebens und

letzter Widerstände als der gesunde Duft entkoffeinierter Übungsspiele?
Wünscht Du Dir nicht die Tage der Hysterie und Heuchelei zurück – Billy Fury mit seinem Mikrophon auf den Bühnenbrettern herummachend und von den Stadtvätern geächtet; Adam Faith, beinahe stranguliert, als zwei Anhänger die beiden Enden seines Seidenschals schnappten und versuchten, ihn abzureißen; Terry Dene, wehrdienstunfähig wegen geistiger Instabilität, betrunken und wirr und von der Heilsarmee gerettet.
Those were the days... die alten Freakshowtage, als Popstars gutbezahlte Parias waren, Medicine Shows, billige, prima Patentmedizin, die alten Tage der Erlösung und des Selbstmords. Pop wurde in die Reinigung gebracht, nicht wahr, und der schmutzige Sideshow Soul ist fleckenlos entfernt worden. Man könnte glauben, er sei niemals schmutzig gewesen. Aber man kann eine Erinnerung nicht waschen und bügeln, und wie viele Erinnerungen müssen durch die Köpfe einst mächtiger, in den Ruhestand getretener Schmierlappen und Bubies mit langen Wimpern und zerplatzten Träumen spuken, über jene Tage hinter verschlossenen Türen in der guten, alten Tin Pan Alley, jene Tage, als die letzten Tage von Sodom nach Soho kamen.

Bedrückte Minderheiten *(Depressed Minorities)*

Transusen mittleren Alters beklagen, daß die britische Parteipolitik Jugendlichen keine Aussichten macht, daß Politiker ihnen nichts zu bieten haben und sie sich nun ihrerseits von Politik abgewandt haben. Das klingt im ersten Moment ganz eingängig – unwillkürlich dröhnt der Kopf von blinden Worthülsen: Arbeitslos, Altes Eisen, Verkrachte Existenz.

Bei näherer Betrachtung wird mir klar, daß ich im Grunde kein Wort davon glaube, daß ich Teenager nicht für eine gebeutelte Minderheit halte und daß ich keinerlei Sympathie für sie hege. Da halte ich es lieber mit der Theorie von verhätschelter Jugend (klingt wie ein Kochrezept: man nehme einen Jugendlichen und hätschle ihn gut...) als mit der von Fernsehberichterstattern und anderen gutbezahlten Sozialarbeitern so geliebten Theorie vom trostlosen Leben. Für wen halten sich Jugendliche, daß ihnen Versprechungen gemacht und ihre Launen befriedigt werden müssen? Sie sind keine körperlich und geistig Behinderten, denen die Natur den letzten Dreck ausgeteilt hat, den sie noch aus dem Topf kratzen konnte, und die darum ein Anrecht auf alle Wiedergutmachung haben, die der Staat ihnen gewährt. Sie sind keine Farbigen, entwurzelt, gepeinigt und im Regen stehengelassen von einem Land, daß ihnen weismacht, es sei der Himmel auf Erden gewesen, ehe sie aufkreuzten. Auch nicht die Alten, verbraucht und verschüchtert, denen wir Achtung und unbegrenzte Entschädigungen schulden. Und sie sind ebensowenig der 47jährige Arbeiter aus einer Geisterstadt des Nordens, der begreifen muß, daß sein Leben den gleichen vorgerückten Stand erreicht hat wie das seines Vaters mit 65, für alle Zeiten auf die Weide geschickt.

Jugend ist privilegiert und, wie alle Privilegierten, wankelmütig. Warum sollten Politiker ihnen etwas versprechen? Der verdienstvollste, mitfühlendste Politiker der Welt würde von ihnen mit Verachtung gestraft, wenn ihnen sein Erscheinungsbild nicht paßt. Jugendliche sind keine echte Randgruppe mit echten Belangen, sondern ein Babymonster, erschaffen und bestimmt von schmierigen Kapitalisteninteressen, das sich nur fürs Geldraffen, Geldausgeben und Protzen interessiert. Es würde jedem Politiker folgen, der ihm ein bißchen Spaß verspricht, es ist derart politisch unbeleckt, wie es eine echte Minderheit nie sein könnte.

Popmusik – rätselhafte Kunst und Stimme der Jugend – stand nie vorher politisch so links wie zwischen 1976 und 1980; weitverbreitetes Engagement in der Anti-Nazi-League, Antiamerikanismus in einer der Popmusik eigentlich fremden Intensität, alternative Freudenfeste und die leider verblichene Rock-Against-Fascist-Corned-Beef-Bewegung – und doch, nur einige wenige Jahre, nachdem kein Punk ohne seine eigene Barrikade leben mochte, zog die Labour Party den geringsten Prozentsatz an jugendlichen Wählern seit ihrem Bestehen an. Und kann es bloßer Zufall sein, daß Labour genau eine Woche, nachdem man Neil Kinnock in voller Schönheit durch eine von Tracey Ullmans zahlreichen Werbeaktionen tollen sah, zum ersten Mal seit dem Falklandkrieg in den Meinungsumfragen vorne liegt? Ich will es hoffen. Ich meine, mir ist schon klar, daß die Labour-Party es sich schuldig ist, den knallig-kitschigen Toryzirkus mit seinen eigenen Waffen zu schlagen, aber ich war wirklich froh, daß Mr. Keir Hardie »My Guy's Mad At Me« nicht durchstehen mußte. Ich glaube, dann wäre Mr. Hardie recht sauer auf Mr. Kinnock gewesen.

Bilden sich junge Menschen ein, wenn Mr. Kinnock gewinnt (was er bestimmt tut) und seine zwei Millionen Arbeitsplätze schafft (was er wahrscheinlich auch tut), werden das Jobs als »Face«-Schreiber und Schlagersänger sein? Ich will es nicht beschreien, aber ein Gedanke scheint mir irgendwo in den verborgensten Winkeln des Kollektivbewußtseins herumzukriechen, daß nämlich, sowie die Jugend aus ihrem mythischen Müllhaufen befreit wird, ihr Märchenprinz sie zu etwas himmelweit Anderem und weitaus Besserem als dem, was ihre Väter kennen, entführen wird. Aber das wird er nicht. Ihr Befreier wird ihnen Jobs in *Fabriken* verschaffen,und Fabriken sind – wie ihnen jeder brave Student Marxscher Lehren sagen kann – die ewigen Tropfs/Todesfallen der Arbeiterklasse. Der Großteil dieser Arbeitsplätze werden langweilige, schmutzige, abstumpfende Fabrikjobs sein. Es wird unterbezahlte, entfremdete Arbeit sein, wie 90 Prozent aller Jobs in diesem Land. Die Fabrik zahlt Dir nicht die Hälfte dessen, was Du wert bist, ruiniert Dir Aussehen und Gesundheit und stiehlt Dir Deine kostbare Zeit und *Jugend*. Deine Jugend, das höchste Gut, das man besitzen kann, das einzige, was man sich nicht erarbeiten oder hinter der nächsten Ecke holen kann.

Es wird Zeit, daß wir uns über den Unterschied zwischen einer unterdrückten und einer bedrückten Minderheit klar werden. Menschen in wirklicher Not, die Behinderten, die Opfer des Rassismus, die Alten, die erwachsenen Arbeitslosen müssen weiter leiden, während unendlich viel fehlgeleitetes Interesse auf bedrückte Minderheiten verschwendet wird, an die Jungen, an Frauen (die sich einen schicken neuen Fummel kaufen und dann Ruhe geben sollen), an Homosexuelle (dito) und die Typen aus *Dempster's Diary*. Teenager neigen ganz erbärmlich zu Selbstmitleid, gegen das man eigentlich am dreizehnten Geburtstag impfen sollte, und das letzte, was ihnen fehlt, ist der Zuspruch von Politikern und anderen Demagogen, sich im Selbstmitleid zu suhlen und in die ehrwürdigen Reihen der wirklich Unterdrückten einzugliedern. Gib dem Durchschnittsjugendlichen Utopia selbst, und er/sie wird quengeln, es sei »langweilig«, weil es »nichts zu tun gibt«. Nicht Jugend ist verschwendet an die Jungen, aber Mitleid bestimmt.

Umstürze pro Minute *(Revolutions Per Minute)*

Eins der Dinge, die Popmusik von der etablierten Kultur unterscheiden, ist, daß – anders als bei der richtigen Kultur – die Exponenten der Popkultur im Durchschnitt weniger intelligend sind als ihre Anhänger. Obwohl sie nett anzusehen sind, haben Popstars selten einen IQ, der über der Raumtemperatur liegt, und wir reden hier von kalten Räumen. In der Mehrzahl der Fälle stört das überhaupt nicht – man muß nicht besonders schlau sein, um sich nach dem letzten Schrei zu kleiden; vergewissere dich, daß deine Zähne weiß bleiben, und produziere wie am Fließband die passenden Platitüden über die Liebe. Le Bon mag kein Einstein sein, aber er ist gut gebaut. Alles ist klasse, vorausgesetzt, sie versuchen nicht, Kommentare über irgend etwas anderes als ihren Wohlstand und ihre Schönheit abzugeben, und tun nicht so, als würde ihre Weltsicht über den Horizont eines Lionel Ritchie Songs hinausreichen.

Problematisch wird es, wenn sie anfangen zu predigen. Es ist äußerst peinlich, wenn ein Popreporter irgendeinen beliebigen Crooner um seine Meinung zu Dingen wie Atomkrieg, Bergarbeiterstreik oder dem Lettischen Reformgesetz von 1908 bittet; das ist das gleiche, als frage man einen Politiker, was er von Popmusik hält, und genauso herzig wie Neil Kinnock etwas Hirnverbranntes über die Beatles sagen würde, würde der Popstar etwas Banales und Uninteressantes über die Tagespolitik sagen.

Noch verblüffender sind jene, die das Musikbusiness (und nicht vergessen, die Betonung hat immer auf ›Business‹, nicht auf ›Musik‹ gelegen) tatsächlich verdammen, weil es nicht mehr Popcombos hochpäppelt, die vorgeben, etwas zu Krieg und Frieden zu sagen zu haben, und die die Charts kritisieren, weil sie so un-UN sind. Man stelle sich vor, Sade wurde vorgeworfen, sie sei nicht *schwarz* genug; aus der Vorstellung heraus, daß sie – weil sie nun mal schwarz ist – gefälligst die kollektiven Sorgen anderer Schwarzer zu artikulieren habe und daß ihr Versagen hierbei ihr jede moralische Legitimation entziehe. Die Schwierigkeit ist nur, daß Sade eine Sängerin ist und nicht ein Gemeindevertreter aus Brixton. Es ist nichts falsch daran, die Bedürfnisse und Nöte der schwarzen Bevölkerung zu artikulieren, und es ist nichts falsch an Sades Cool Jazz; warum können diese beiden Sachen nicht auch von zwei verschiedenen Leuten ausgedrückt werden? Ich habe nichts gegen Musik und nichts gegen Politik – aber sie können nur zum beiderseitigen Nachteil miteinander vermischt werden.

Die Vorstellung, durch eine Kombination von Musik und Politik ließe sich eine größere Zahl von Menschen am politischen Geschehen beteiligen, erreiche man ein Publikum, das weder die Nachrichten verfolgt noch Zeitung liest, und stelle man im allgemeinen sicher, daß von der Musik angetippte, politische Probleme ernster genommen würden, ist Unfug. Es gibt keinen sichereren Weg, eine politische Ansicht zu kastrieren, sie harmloser auszudrücken, als sie unter Begleitung eines treibenden Backbeats zu formulieren; die Schrecken eines nuklearen Krieges werden eher weniger greifbar als umgekehrt, wenn man sie in einer Form beschreibt , zu der man tanzen, singen und ficken kann. Als »The War Game« verboten wurde, als E. P. Thompson daran gehindert wurde, die Dimbleby Vorlesung zu halten, und Bertrand Russell wegen Teilnahme an einer gewaltfreien Demonstration eingesperrt wurde, da hatte das Nuklearproblem noch eine gewisse Eindringlichkeit: In einem Jahr, in dem Nena, Paul McCartney und Frankie Goes To Hollywood alle auf der nuklearen Welle reiten, sind Bomben schnöder Mammon. »Two Tribes« als ersten ›Protest‹-Song seit den Sechzigern zu beschreiben und FGTH als irgendwie ›ernsthafter‹ als Wham! und Duran Duran ist eine bodenlose Heuchelei. Im Zeitalter von »The China Syndrome«, »The Day After« und »Silkwood« können es Frankie wohl bis nach Hollywood schaffen.

Parolenbands liefern wichtige Ideen der Gnade der mächtigen und gnadenlosen Gewalt der Mode aus: Es ist ja schön und gut, eine politische Anschauung zu popularisieren, indem man sie mit einem Megamix verbindet und in fetten, schicken Buchstaben auf einem T-Shirt verkündet – aber was in ist, ist früher oder später out; eine politische Lehre mit einem Wust von modischem Brimborium zu verbinden heißt, sie in der selben oberflächlichen Weise wie dieses Brimborium darzustellen, die Entscheidung darüber, was man wählen soll, auf das gleiche Level zu reduzieren wie die Entscheidung über die Haarlänge, die man tragen soll.

Also fühlt euch nicht schuldig, all ihr Clubbers und Dancers, weil ihr die Nächte zu einem Soundtrack von dynamischen Banalitäten vertrödelt. Letztendlich kann man sonntags immer noch zu Hause bleiben und die verstaubte Ausgabe vom »Kapital« rausholen. Denk daran, das Radio auszumachen, wenn Du über den komplizierten Unterschied zwischen Wert und Mehrwert, zwischen Basis und Überbau grübelst. Denn: Was es auch tun wird, es wird weder Deine Konzentration verbessern, noch Dein Verständnis der Dinge, die Deine vollste Aufmerksamkeit verdienen.

Auf dem Wunschzettel: Das Ende Amerikas *(A Christmas Wish: The End of Amerika)*

»Die Rede soll hier von dem Mißverständnis sein, Sowjetrußland sei eine aggressive, auf die Weltherrschaft zielende Macht, die, um eine kürzlich gehaltene Rede der englischen Premierministerin zu zitieren, ›den Rest der Welt als ihren rechtmäßigen Einflußbereich betrachtet‹. Wie irgendein vernünftiger Mensch, der objektiv die letzten 35 Jahre der Geschichte betrachtet, dieses ›internationale Mißverständnis‹ pflegen kann, stellt doch hohe Anforderungen ans Begriffsvermögen, wenn es das nicht übersteigt.
Die Vorstellung entbehrt jeder realen Grundlage; sie existiert ausschließlich im Reich der Phantasie. Während die Vereinigten Staaten zwei größere Kriege in Asien geführt haben und militärisch in Mittelamerika und im Mittleren Osten intervenierten, steht heute kein russischer Soldat auch nur einen Schritt weiter als dort, wo russische Soldaten schon 1948 standen, mit der einen Ausnahme, die die Regel bestätigt – Afghanistan, wo ein Krieg aus den selben Gründen und mit den selben Aussichten auf eine Pleite ausgetragen wird, wie ihn das Britische Empire zweimal in Indien geführt hat. Ist Rußland unbedingt auf Weltherrschaft aus, dann ist es aber bemerkenswert faul und bemerkenswert erfolglos.
Da gibt es natürlich jene, die sagen, all dies beweise, wie wirksam die amerikanischen Präventivmaßnahmen waren. Wenn Aberglaube in der Defensive ist, sucht er immer Zuflucht zu

der Logik jenes Professors in einem Zug, der Fetzen der Times aus dem Fenster warf, um Elefanten fernzuhalten, und der das Fehlen von Elefanten als Beweis für seinen Erfolg anführte. Dieses größte und verhängnisvollste aller internationalen Mißverständnisse ist wie alle anderen immun gegen Informationen und Argumente; aber wie bei den anderen gibt es Erklärungen für seine Existenz und Langlebigkeit. Angenommen, das Mißverständnis ließe sich vielleicht aufklären, das Durcheinander, das in der amerikanischen Wirtschaft, Industrie und Regierung folgen würde, wäre unvorstellbar, so groß ist der Grad ihrer Abhängigkeit von ihm über die Jahre geworden.

Das Mißverständnis hat ferner die Funktion, einen Mythos am Leben zu halten – den Mythos von den Vereinigten Staaten als ›letzte, beste Hoffnung der Menschheit‹. Der Heilige Georg und der Drachen ist eine ärmliche Show, wenn es keinen richtigen Drachen gibt, je größer und unheimlicher, desto besser, am besten noch mit Flammen, die aus seinem Rachen kommen. Das Mißverstehen von Sowjetrußland ist unentbehrlich für die Selbstachtung der amerikanischen Nation geworden: Man wird jemanden, der ihnen das wegnehmen will, kaum mit Wohlwollen betrachten.«

Aus einer Rede Enoch Powells, MP für South Down, Oktober 1983.

Rückblickend war 1983 ein sehr gutes Jahr. Amerika ist jetzt voll in der 3. Runde Nachkriegsirrsinn, und anders als die McCarthy- und Vietnam-Jahre läßt sich dieser neue Anfall nicht dadurch abschütteln, daß man einen Mann diskreditiert oder einen Krieg verliert, es ist nämlich der wirklich große, die Identitätskrise, die ihnen schon seit 207 Jahren, seit der Stunde ihrer Geburt, ins Haus steht. Nach Grenada hat Reagans Popularität Auftrieb bekommen, und die Wahl von Fritzi Mondale oder Suburban Spaceman nächstes Jahr scheint unwahrscheinlich.

Amerika wird sich niemals von den Jahren unter Reagan erholen.
Dieses Jahr hat den Anfang vom Ende jenes Amerika, das mehr war als ein Teil der Weltkarte, gebracht; kein Ideal, kein Licht dieser Welt, kein Führer, kein Traum ist übriggeblieben. Die Massenhypnose, mit der Amerika die weiße Welt seit 1945 gefangen hält, wird dünn und löchrig. In diesem Jahr sind die »besonderen Beziehungen« so weit abgekühlt, daß dieser Riesenschwindel, der schon immer die größte Bedrohung britischer Nachkriegssouveränität war, kurz vor dem Auffliegen steht – lädiert durch ein Geschenk!
Das im Hinterkopf, kann ich mich nicht sonderlich über das kleine Etwas aufregen, das Mr. Reagan uns zu Weihnachten schickte. Es gibt überall in Westeuropa Länder, die unabhängig sind – Frankreich, die Schweiz und vor allem Österreich, das mit *drei* kommunistischen Ländern Grenzen teilt und dennoch keine Angst vor oder Verlangen nach ausländischen Waffen hat –, und ›unverteidigt‹ oder nicht, der Bolschewistenstiefel glänzt durch Abwesenheit. Natürlich wäre es nett gewesen, um es milde zu sagen, wenn England soviel Selbstvertrauen besessen hätte, es wie diese Länder zu halten, aber was soll's. In den Augen der Welt sind wir nichts anderes als ein weiteres Insel-Protektorat der USA, ein kühleres Hawaii, ein wohlhabenderes Puerto Rico, bevölkert von Leuten, die anders als Massah sprechen und farbenprächtigere Bräuche pflegen, das aber niemals politisch vom Festland abweicht und keinerlei eigene Meinung hat.
Wenn man das bedenkt, ist es wahrscheinlich heilsam, wenn die Waffen ein Weilchen bleiben. Wenn die gigantische CRUISE-Beleidigung den durchschnittlichen Briten nicht aufbringt und veranlaßt, eine Regierung zu wählen, die den Kram zurück zum Absender schickt, dann verdient diese Insel ihre Unabhängigkeit nicht – hier ist dein rot-weiß-blauer Bastrock, *fang*!

Wenn wir von Inseln und Unabhängigkeit sprechen, können wir auch auf den Strand von Grenada wanken. Es war wirklich mitleiderregend zu sehen, wie *erfreut* die Amerikaner waren, endlich das tatsächlich zu gewinnen, was sie für einen Krieg hielten (obgleich gegen 30 kubanische Aushilfsmariners). Vergessen wir, daß sie Nervenkliniken bombadiert haben und die Hälfte der Gefallenen von den eigenen Leuten erschossen wurde – das ist der erste Krieg, den Amerika jemals gewonnen hat, ohne England und Rußland vorzuschikken wie im Ersten und Zweiten Weltkrieg, und nach Vietnam, wo die Amerikaner auf Nordvietnam mehr Bomben warfen, als alle Parteien während des Zweiten Weltkrieges zusammen schmissen – und trotzdem kein Sieg –, und so ist es nur natürlich, daß die Amerikaner ganz aus dem Häuschen sind. Ein Sieg ist ein Sieg, selbst wenn man Marvin Hagler mit zwei verkrüppelten Liliputanern in den Ring stellt.
In Bezug auf Grenada muß nur eins klargestellt werden: Entweder *gehören* beide , Lateinamerika und die Karibik, zu den USA, in diesem Fall sind sie in den Augen der Welt dazu berechtigt, einzumarschieren und mit der örtlichen Verwaltung nach Gutdünken zu verfahren – oder sie gehören nicht zu Amerika, dann haben die USA genausoviel Recht bei *ihnen* einzufallen, wie die UDSSR bei *uns*.
Wenn ihr so freundlich wärt, Kinderchen, mal in den Atlas zu gucken, werdet ihr feststellen, daß *wir* entschieden näher bei Rußland sind, als Grenada bei Amerika – und die Umstände sind beinahe identisch – ein Land mit einem unwirtlichen politischen System und einem Riesenarsenal an Waffen, in der Maske eines Touristenparadieses – da hat doch sicherlich die uns nahestehendste nervöse Supermacht ein Recht, uns herumzustoßen?
Es wird langsam Zeit, daß die Leute ihre Augen nicht länger vor der Tatsache verschließen, daß *wir* praktisch, logisch, geographisch in Rußlands ›Hinterhof‹ liegen, wie die USA

gerne die Welt einteilt, und es ist wirklich sehr nett von ihnen, sich nicht an uns zu vergreifen – wenn die Vereinigten Staaten endlich schlau würden und ihre Pfoten aus Nicaragua ließen. Und komme man mir nicht damit, die Leute auf Grenada seien ›erfreut‹ gewesen, die Amerikaner zu sehen – ich weiß, da war diese Bande von Darkies, geistige Shoeshine Boys, die zusammengetrommelt wurden, um in den Straßen zu jubeln und zu beteuern, wie glücklich sie doch seien, mal wieder unter der Knute der Whiteys zu sein. Aber Leute kommen halt gern ins Fernsehen; gib *mir* ein paar Tage Zeit, und ich brächte leicht, sagen wir, 500 Leute im Kielwasser einer russischen Invasion zusammen, die schwärmen, kichern und beteuern würden, wie wunderbar es sei, doch endlich vom allerliebsten Boris befreit worden zu sein, und wie die Straßen doch zum ersten Mal seit den Tagen des Charleston wieder sicher seien. Es ist alles getürkt, wenn schon nicht mit Spiegeltricks, dann mit Fernsehkameras und verängstigten Zivilisten.

Die USA waren niemals zuvor moralisch so heruntergekommen wie in dem Jahr, in dem sie sich bei Frankreich dafür entschuldigen mußten, Klaus Barbie, den Schlächter von Lyon, hastig in Sicherheit gebracht zu haben, einfach deswegen, weil er ein Anti-Kommunist war (daß er nebenbei auch ein Nazi und Massenmörder war, scheint nicht die Bohne zu stören), das Jahr, in dem Amerika sich heiser brüllte, Japan müsse rüsten, rüsten, rüsten, selbst als in *Winds of War* der japanische Antichrist zu sehen war, wie er sich anschickte, die USA zu vernichten.

Ein ›kommunistisches‹ Land ist nun jedes, das ein wenig mehr vom Leben will, als eine Raketenbasis, ein Bordell, eine Touristenfalle Amerikas zu sein – ein und dasselbe, oder? –, während die ›Freie Welt‹ sich aus Ländern zusammensetzt, die anti-kommunistisch sind; ›anti-kommunistisch‹ ist heute Synonym für ›frei‹ , wie es die Amerikaner verstehen, und demnach gehören zur Freien Welt auch solche Brutstätten des Völkermordes wie El Salvador, Südafrika, Türkei und Pakistan. Pah – Logik! Wäre Hitler noch putzmunter und lebte in der Dritten Welt, würde er heute ohne Zweifel bewaffnet, hochdekoriert und mit allen Ehren im Freien-Welt-Club willkommen geheißen – immerhin waren die ersten Leute, die er ins KZ steckte, die Kommunisten. Er kann nicht *ganz* schlecht gewesen sein.

Es spielt keine Rolle, daß in der gottlosen kommunistischen Welt Priester nicht ermordet werden, während sie eine Messe halten, daß keine Nonnen von Soldaten vergewaltigt werden und ihres Lebens nicht mehr sicher sind, daß nicht ganze Ortschaften von der Armee ausradiert werden – Wörter wie ›böse‹ sind ausschließlich für die kommunistischen Länder reserviert und kommen gewöhnlich zur Anwendung, wenn einem polnischen Bergmann auf die Zehen getreten wird. Amerika haßt Osteuropa hauptsächlich deswegen, weil Mr. Middle-America glaubt, sein Land sei einmal so wie Osteuropa gewesen, und weil er weiß, daß es nie wieder so sein wird – ganz weiß, mit Vollbeschäftigung, gesetzestreu, konformistisch. Es könnte keinen tschechischen Charles Manson oder einen sowjetischen Son of Sam geben.

Von den Hexen Salems über die Evolutionisten zu den ›übereifrigen Anti-Faschisten‹ Hollywoods hat Amerika immer einen Sündenbock für seine besondere Räudigkeit gebraucht – für die Tatsache nämlich, daß es, um es brutal zu sagen, als Mülleimer der Welt entstand, für all die Leute, die es in ihren eigenen Ländern auf keinen grünen Zweig bringen konnten. In den letzten Jahren ist Amerika klargeworden, daß es die Gesellschaft schwächt und zersplittert, wenn man auf einem einheimischen Gegner herumhackt, und es hat seine landesinternen Toleranzgrenzen so ausgedehnt, daß die Moonies, die gehirnwaschenden Buhmänner der Siebziger, nun eine Menge Macht im Weißen Haus und sogar ein oder zwei Kongreßabgeordnete haben. Amerikas Prügelknabe ist nun der Rest der Welt, und seine psychotische, neurotische Außenpolitik – Amerika kennt nur Bananenrepubliken oder Feinde, nichts dazwischen – ist seine ganze Raison d'être.

Es hat schon früher kranke, korrupte, kriminelle, gewalttätige, mit Armut geschlagene, ignorante Gesellschaften gegeben, und es gibt auch heute noch eine Menge in der ganzen Welt. Der Unterschied ist aber, daß Saudi Arabien oder Haiti ihre Gesellschaftsformen nicht als Vorbild für die übrige Welt exportieren. Amerika dagegen hat weiße Führer und konnte so einem großen Teil der Welt unterjubeln, es sei ein fortschrittliches Land voller fortschrittlicher Menschen. Aber Amerika gleicht keinem anderen Land in der Welt, vielleicht mit Ausnahme Südafrikas, denn es ist kein *wirkliches* Land, sondern ein Schwindelstaat, gegründet auf Völkermord in einem Kontinent, wo es nichts zu suchen hatte. Es wünscht sich nicht die normalen Dinge, wie es richtige Länder tun, sei es Holland oder Ungarn, Belgien oder Bulgarien, nämlich, daß man ein bißchen wohlhabender wird, daß die Stimme bei den UN nächstes Jahr ein wenig mehr Gewicht hat. Amerika ist eine einzige große Manson-Family, Außenseiter, bis zum Platzen vollgestopft mit Ignoranz, Haß und Ressentiment, die sich auf ihrer riesigen Ranch gegen den Rest der Welt verschanzen, gelegentlich Raubüberfälle auf die Heimstätten der Schönen (von Sharon Tate bis zu so begnadeten Staaten wie Nordvietnam und Nicaragua) unternehmen, um sie wegen ihrer Anmut und Leichtigkeit umzubringen, weil der asoziale Schläger weiß, daß er all dies niemals besitzen wird.

Dieses Amerika, eine Mischung aus Laufstall und Nervenklinik, voller großer, verwirrter Kinder mit einem Heißhunger nach Süßigkeiten und der Kraft, die Welt zu zerstören, ist eine Tatsache. Wir können es nicht mehr rückgängig machen, genausowenig wie Herpes, die Bombe, wie Snuff Filme oder irgendein anderes bemerkenswertes Geschenk, mit dem Amerika uns beglückt hat. Aber Amerika kann entlarvt werden – als Land, das die Welt beherrschen muß, um sich nicht länger als Aschenbecher für die abgekauten Kippen der Welt zu fühlen –, und es kann isoliert werden – die Zahl der Länder, die mit irgendeinem amerikanischen außenpolitischen Ziel übereinstimmen, war niemals geringer –, und es kann letztendlich zugegeben werden, daß Amerika kein Land ist: Es ist ein Experiment, das fürchterlich in die Hose gegangen ist.

Im Method-Rhythmus *(The Method Rhythm)*

Im Grunde ist das, was wir im Westen die Dritte Welt nennen, die Echte Welt, die Welt, in der echte Dinge geschehen, echte Kriege geführt werden, in der Platz ist für echten Fortschritt und echte Katastrophen. Die weiße Welt im allgemeinen und die amerikanisch-sprechende Welt im besonderen ist mehr oder weniger eine Spielzeugwelt, die oft an einen riesigen Laufstall erinnert, dessen stolze Besitzer sich mit Trends, Modemätzchen und Vergnügungen von ihrer peinigenden Ohnmacht ablenken – Schnuller, die ins Laufställchen geworfen werden. Wir pflegen Spielzeug-Traumas; die weiße Welt setzt *angst* gegen das Leid und den Todeskampf der Echten Welt. *Angst* befällt Menschen, die keine echten Gefahren kennen; wie überfeinerte Weißbrotkost den Körper zerstört, zerstört überkultiviertes Weißbrotleben die Seele. Und wir führen Spielzeugkriege; der Spielzeugkrieg schlechthin ist der, der auf den Schlachtfeldern des Generationskonflikts ausgetragen wird. Man kann sie verstehen, die jungen Leute, diese Baby-Zinnsoldaten, so lächerlich sie auch sind: Ein respektables Erwachsenenleben ist alles in allem eine verkorkste Angelegenheit – verheiratet mit einer Hypothek, das Leben sieht man nur im Fernseher. Pubertät ist die Zeit der Panik angesichts des Lebenslänglich, das mit Höchstgeschwindigkeit deinen Jugendjahren auf den Fersen folgt – diesem zweiten Krabbelstadium voller Launen und Trotzigkeit. Und in der weißen Nachkriegswelt, der Wunderkindwelt, hat man gute Chancen, die Aufmerksamkeit eines Talentsuchers zu erregen, wenn der einen sieht, wenn man gerade seine fünf Minuten hat, und die kann man dann ausfeilen und aufpolieren und zu seinem speziellen Ding erklären und einflußreiche Medienleute treffen, die einem helfen werden, seinen Lebensunterhalt damit zu verdienen, durch seine Tobsuchtanfälle ein größeres, glanzvolleres Leben zu führen, als es den Eltern ihre Anpassungsfähigkeit je ermöglichen würde – vielleicht nur für einen Sommer, vielleicht bis in respektable Großjährigkeit. Dies ist das Zeitalter der Trotzphase – oder *war* es, bis vor kurzem...

Jede einzelne Sekte im Reigen der Jugendkults läßt sich der einen oder der anderen unsterblichen Pose zurechnen: Bohème oder Rowdytum. Die Teds waren militantes Rowdytum. Die Method-Schauspieler und die »zornigen jungen Männer« gehörten beide ins Bohème-Lager, obwohl ihre Ambitionen auf die Insignien primitiven Genies sporadische Ausbrüche ins Rowdytum erforderten. Die Helden der Alltagsdramen hatten ähnliche Tendenzen zum frustrierten Bohemien und brachten ihre Frustration in Rowdymanier zum Ausdruck (von Bohemiens begangene Kotz-der-Schwiegermutter-auf-den-Teppich-Aktionen leisteten gute Dienste, um die Aufmerksamkeit auf ihre mißachtete Sensibilität zu lenken). Skinheads waren fanatisches Rowdytum – sie hätten Gebetsteppiche mitführen sollen, um sich fünf Mal am Tag in Richtung der nächsten Intensivstation verbeugen zu können.

Hippie war Kreditkaren-Bohème. Alles mit Motorrad-Rokker, Greasers, Hell's Angels – war Rowdytum, auf dem *Scooter* nicht *zwangsläufig* alles. Mods, wenn sie auch in extremem Rowdytum endeten – Blut auf dem Strand! – kommen aus der ästhetischen Bohème, noble Anfänge, die Modernism zu einer immerwährenden Freude machten. Auch Punk hatte seine Ursprünge in einer Art School-Bohème , mußte aber ein starkes Rowdyelement verinnerlichen, um ihre Schlagworte *über Wasser zu halten.*

Zwar waren nicht alle zusammengewürfelten Actionboys ordentliche Mitglieder eines Jugendkults – John Osborne hat sich wahrscheinlich nie mit einer Horde zorniger junger Stückeschreiber an Straßenecken rumgetrieben –, falls doch, wäre es uns sicher zu Ohren gekommen – aber alle waren in Stil und Taten gemeißelter kollektiver Ausdruck von Hoffnungen und Unzufriedenheit. Sie alle waren kleine Zahnrädchen im Kult der Jugend, einer modernen Erfindung, die, wie die meisten zeitgenössischen Phänomene, mit eingebauter Verschleißerscheinung geliefert wurde und es mittlerweile hinter sich hat.

Die goldenen Jahre des *teenage* kann man auf den Zeitraum zwischen der bedingungslosen Kapitulation Japans im Jahre 1945 und der bedingungslosen Kapitulation des britischen Volks bzw. der Wahl von Mrs. Thatcher im Jahre 1979 datieren. Zornige junge Posen sind selten, wenn die Zeiten wirklich hart sind; Punk erblühte im balsamischen wirtschaftlichen Klima und unter gütiger Herrschaft von Callaghans England. Mrs. Thatcher hätte kräftig dagegen anregiert.

Anders als die Hooligans (die diesem Namen alle Ehre machten) des spätviktorianischen England – die durch ihre Eselszotteln, ausgestellte Hosen und »stumpfe Gegenstände« auffielen – steckten die Nachkriegs-Jugendkults ihre Ziele manchmal weiter, als ein paar schmutzige Mark zu machen und die Nachbargang in blutigen viktorianischen Klump zuhauen. (Manchmal). Vor dem Krieg waren Teenager kleine Erwachsene, Lehrlings-Drohnen, Bürger zweiter Klasse. Nach dem Krieg wurden sie in die Unabhängigkeit entlassen; sie wurden zum *Markt*. Erste Schritte zur Unabhängigkeit ergaben sich durch Annexion – was ein Ted sich einmal zu eigen gemacht hatte, damit wollte niemand mehr etwas zu tun haben. Es war besudelt.

In einem Taumel der Sorglosigkeit nach Jahren kriegsbedingter Entbehrungen erweckte ein Savile-Row-Schneider 1950 den Edwardianischen Dandylook – lange, schmalgeschnittene Jacke, weißes, hoch angesetztes Hemd mit Windsorknoten-Krawatte, schmale Hose (wenn auch noch keine *drainpipes*) und Phantasieweste – zu neuem Leben. Nun hatten junge Prolls zum ersten Mal die Möglichkeit, sich den Geschmack feiner Pinkel zu eigen zu machen – zwischen 1945 und 1950 war das Einkommen der Jugendlichen im Vergleich zu dem der Erwachsenen um das Doppelte gestiegen. Unter den Ted-Sämlingen griff der Look um sich wie eine Seuche, und im Jahre 1954 wußte die Titelseite der *Daily Mail* von Herren der Oberschicht zu berichten, die angesichts der Horrorvorstellung, mit einem dieser Teds verwechselt zu werden, ihre Schränke von Edwardianischen Anzügen säuberten und ihren Edwardianischen Schick auf Märkten abluden, auf denen sie von neuen Rekruten preiswert zweitverwertet werden konnten.

Im Jahr zuvor hatte in Clapham Common der erste Ted-Mord stattgefunden, als Michael Davis, ein Ted, von einem Passanten charmant als »Angeberarschloch« gegrüßt wurde. Der Bürger bezahlte dafür mit seinem Leben, und Michael Davis kam für das vor Gericht, was die Fleet Street als »Den ersten Teddy-Boy-Mord« bezeichnete – die Vorfreude auf weitere schon eingeschlossen. Was ihr äußeres Erscheinungsbild betraf, waren die Teds sehr eigen. Abgesehen von den paar Mark extra in der Tasche war ihr Aussehen alles, was sie hatten. Ted zu sein war Statussymbol, eine Quelle des Stolzes und ein eindeutiges Signal an den Rest der Welt – »Schieb's Dir in den Arsch«, hauptsächlich. Die Teds machten sich den Edwardianischen Anzug (das ca. 1950 Savile-Row-Modell) nicht allein dadurch zu eigen, daß sie ihn durch die Weihen des Ted-Benehmens und der Ted-Reputation für jeden aristokratischen Modejünger inakzeptabel machten. Sie fügten auch eigene Neuerungen hinzu, proletarisierten den Look, indem sie ihre eigenen Vorlieben und Phantasien einbrachten. Aus schmalen Hosen wurden *drainpipes* – die Antithese zur beuteligen Biederkeit der Kriegsheimkehrer-Anzüge. Leuchtfarben wurden eingeführt – eine unzweideutige Geste an die Adresse der Lebensmittelkarten-Genügsamkeit und ein zustimmend-wissendes Nicken für den nächsten Stenz. Das Jackett wurde strenger und verlor den taillierten Look zugunsten eines seidenen, samtenen oder Maulwurfsfell-Kragens. Sie sahen aus wie Technicolor-Totengräber, echte Todessöldner, und es war nur zur Hälfte witzig gemeint. Der Schlips mit dem Windsorknoten wurde zum Schnürsenkel verdünnt – hier waren die Cowboyfilme die Inspiration der Teds. Sie waren nicht so verstockt britisch, daß sie den heulenden Sirenen Hollywoods hätten wiederstehen können. Im Western war der Schnürsenkel-Schlips das Markenzeichen des Riverboatspielers, des weniger ländlich-sittlichen und redlichen als städtischen, weltgewandten, hedonistischen Mississippinichtsnutzes mit der schnellen Auffassungsgabe (alles, was sich die Teds ersehnten – immerhin meisterten sie die städtischen und hedonistischen Parts). Teds waren alles andere als redlich. Teds erstrahlten im Glanz ihrer Unredlichkeit. Der köstlichste ironische Zusatz, um die die Teds den Edwardianischen Look erweiterten, war *le blue* – oder pink oder rot oder aubergine – *suede shoe*, mit schön viel Kreppsohle. Mehr als jeder andere Jugendkult wurden die Teds mit Rock 'n' Roll identifiziert, und sie selbst identifizierten sich damit. Aber während in Amerika noch Rock'n'Roll-Platten verbrannt wurden, als »*race music*« der ewigen Verdammnis anheimgegeben, droschen in Merry Olde England die Teds, jene selbsternannten Aposteln des Rock'n'Roll, auf alles ein, was auf der falschen Seite von Beige lebte. Die Champions der Urwaldmusik benahmen sich stets so, daß der Ku-Klux-Klan dagegen wie eine Bande verkappter Mulatten aussah. Im

Daily-Express beschworen *Giles' Cartoons* das Bild von Teds, die in Kampfeinheit mit Beatniks auf bowlerbehütete *City Gents* losgingen – eine unwahrscheinlichere Allianz mit unwahrscheinlicherem Ziel läßt sich schwer ausmalen. Teds griffen gerne Busfahrer (die die Teds mit provokativen Fragen wie »Darf ich bei Ihnen auch kassieren?« zu gewalttätigen Reaktionen anstachelten), Jugendclubs (selbst die wenigen Clubs, die Teds zuließen, waren nicht sicher, weil sie kaum dem hohen Standard gerecht wurden, den die Teds von ihren Vergnügungspalästen erwarteten) und sich gegenseitig an. Aber über all diesen beweglichen Zielen, die die Teds ausgemacht und überfallen hatten, war darüber hinaus die Rassenzugehörigkeit ihr erster Beweggrund für Blutbäder.
Ted-Überfälle auf cypriotische Cafébesitzer und Schwarze gipfelten 1958 in den Rassenunruhen von Notting Hill und Nottingham. Viele erwachsene Proleten schlossen sich an, als die Unruhen einmal im Gange waren, aber vom Zaun gebrochen wurden sie von den Jungs in den *blue suede shoes*. Alle neun jugendlichen, ungelernten Arbeiter, gegen die wegen Anstiftung der Unruhen Anklage erhoben wurde – das Urteil war für jeden 4 Jahre Haft – waren Teds.
Auf den ersten Blick erscheinen Teds wie narzistische Neandertaler, Höhlenbewohner des Jugendkults, Fossile aus grauer Vorzeit (dem Fettzeitalter?). Bei näherer Betrachtung wirken sie erschreckend zeitgenössisch – ein brutales, bitteres Abfallprodukt der Nachkriegs-Wiederentdeckung »Klasse«, oder, genauer gesagt, der Ohnmacht der unteren Klassen. Der Geist des Blitzkriegs war ungeachtet der Revisionisten kein reiner Mythos. Die Teds verlebten ihre prägenden Jahre während Englands größtmöglicher Annäherung an die klassenlose Gesellschaft. Eine klassenlose Gesellschaft ist nur möglich, wenn Bomben – die nie besondere Ehrfurcht vor Kinderstube hatten – auf die Nation regnen. Nach dem Krieg konnte niemand verhindern, daß das alte Kastensystem wie-

der durchbrach – schon gar nicht Mr. Atlee mit seinen bescheidenen Gaben wie einer Flasche Gratismilch und der Krankenkassenbrille. Während des Zweiten Weltkriegs zum Briten herangewachsen, waren die Erwartungen der Teds unrealistisch überhöht. Göttliche Ironie, daß sie alle wunderbare Nazis abgegeben hätten.

Vor der Unabhängigkeitserklärung waren Teenager kleine Erwachsene. Mit der Unabhängigkeit wurden sie zu Riesenbabys, und ihr Erzeuger war *Method*. *Method* machte pubertäre *angst* zur Kunstform. *Angst* ist ihrer Natur nach undefinierbar, beruht auf keiner wie auch immer gearteten Substanz, und nach *Method* beanspruchten Teenager, mehr als alles andere, das Recht, heiße Luft abzusondern.

Das Actor's Studio – das *Method* – Mekka, USA – war ein weißes Gebäude in New York Citys Vierundvierzigster Straße / West, und die Toiletten hießen »Romeo« und »Julia«. Lee Strasberg gründete es nach den Ideen Konstantin Stanislavskis, der eine »neue« »Methode« des Schauspielens »entwickelt« hatte, bei der der Schauspieler, das ist der Kern der Sache, seine Rolle nicht nur schnöde *spielte*, sondern zu seiner Rolle *wurde*, aus seinen persönlichen Erfahrungen und Ressourcen schöpfte, um einen Charakter zu kreieren, anstatt einen darzustellen. Als Einladung zur Selbsttäuschung eröffnete *Method* den Schauspielern die Möglichkeit, nie zugeben zu müssen, daß auch sie Masken trugen, verwischte die Grenzen zwischen Schein und Sein – keine Null mehr sein! – unwiderstehlich anziehend für sie selbst wie für ihren Kundenkreis. Selbst Rock 'n' Roll hatte keinen so nachhaltigen Effekt auf die weißen westlichen Teenager der Fünfziger wie *Method* und seine Jünger. *Method* schuf den ultimativen Nachkriegs-Showbusinesstraum – größer als Elvis. James Dean starb für eine Million pubertärer Sünden.

James Bridges: »Ich war auf dem College, als Jimmy starb. Irgendein Typ kam ins Theater gerannt, wo wir Probe hatten

und fing an zu schreien: ›He, Ihr, Jimmy Dean ist tot‹, und wir gingen alle rüber zu einem Laden, der sich Polaram nannte, kauften Unmengen zu saufen und knallten uns die Birne zu. Wir konnten es einfach nicht fassen. Wir gingen runter zum Fluß, zündeten ein Feuer an und hielten unsere eigene Totenwache. Ich machte einen Academy Award aus Lehm und legte ihn ins Feuer. Dann fingen wir eine Schlammschlacht an und sangen ›Gib uns ein Zeichen, gib uns ein Zeichen‹ und zogen unsere Hemden aus. Ein Hund bellte am Abhang, da wußten wir, er war unter uns.«
Im ersten Jahr nach Mr. Deans Tod erhielten Warner Brothers über fünfzigtausend Briefe an den betrauerten James. Zahlende Mitglieder diverser inoffizieller Fanclubs – »Deans Teens«, »Dedicated Deans«, »James Dean Memorial Club« und »Lest We Forget« – zählten allein in den USA an die vier Millionen. Viele Fans weigerten sich, an seinen Tod zu glauben. Ein Sondermagazin titels *Jimmy Dean Returns* verkaufte eine Auflage von einer halben Million zum satten Preis von 35 Cent pro Stück – mehr als doppelt so teuer wie die meisten Kinoillustrierten der Zeit. Diejenigen, die glaubten, er sei immer noch am Leben, hingen einer Theorie an, derzufolge er gräßlich verstümmelt, verkrüppelt und verblödet versteckt gehalten wurde. Ein Mitglied des James Dean Death Club – dessen Parteiprogramm perverserweise darauf aufbaute, daß James Dean überhaupt nicht tot sei – sagte 1956: »Wir wissen, wo er ist und haben da einen Wachtposten aufgestellt. Sie halten alle Jalousien geschlossen, aber in einer Nacht kamen wir nahe genug ran, um durch einen Spalt sehen zu können, und sahen ihn da sitzen, einbandagiert wie eine Mumie. Er führte sich auf, als wäre er nicht ganz richtig im Kopf.«
Ein angehender Schauspieler namens Thomas Pittman fuhr mit seinem Auto gegen den Baum, um so seinem Idol ins große Drive-In im Himmel folgen zu können. In Deutschland begingen zwei Teenager Selbstmord und schrieben in

einem Brief, den sie ihren Eltern hinterließen: »Heute war Jimmys Todestag, und ohne ihn ist ein Leben undenkbar.«
Der Mann, mit dem alles anfing! Der erste Teenager!
James Dean war der Peter Pan der Popkultur, der lieber starb – am Steuer seines Porsche aufgespießt, ein Unfallselbstmord –, als Wolkenkuckucksheim zu verlassen. Sein Tod war die einzig mögliche Pointe seines Lebens. Er hauchte dem Mythos Leben ein und machte seine Filme zu Grabmälern einer Legende. *The New Republic* schrieb: »Es ist bezeichnend, daß das Interesse daran, was er hätte tun können, wenn er nicht gestorben wäre, gering ist. Sein Tod war die passende Zusammenfassung seines Lebens, sinnlos, aber gerechtfertigt durch die Story.«
Was also war die Story? Um die kulturelle Bedeutung James Deans zu entschlüsseln, müßen wir zur Genesis des Jungseins zurückgehen, zurück zu den Tagen, in denen Teenagerkultur nur ein weiterer kolonialer Außenposten des Erwachsenenreichs war.
Warner Brothers kauften *Denn Sie wissen nicht, was sie tun*, ein Buch von Doktor Robert M. Lindner, im Jahre 1946. Es war beinahe ein Muß, daß *Denn sie wissen nicht, was sie tun* – eine Geschichte, *die* Geschichte über Jugendkriminalität in den Fünfzigern, als ›Juvenile Delinquents‹ (JD's) eine soziale Krankheit waren, ausgelöst durch die Gesellschaft und heilbar durch Therapie – von einem Quacksalber verfaßt wurde.
1946 war Jugendkriminalität allerdings nicht der heißeste Verkaufsschlager. William Orr, damals leitender Angestellter bei Warners, erinnert sich: »Als ich 1947 die ersten Probeaufnahmen für *Denn sie wissen nicht, was sie tun* machte, vergab ich die Hauptrolle schließlich an Marlon Brando. Wir hatten das Drehbuch noch nicht mal ganz fertig, aber ich wußte, daß ich einen sensiblen, ungewöhnlichen jungen Mann brauchte, und jeder erzählte mir dauernd: »Du mußt dir Marlo Brinden

oder Maylin Brandin ansehen...« Keiner hatte eine Ahnung, wie er *wirklich* hieß. Einer sagte, er würde als Liftboy bei Macy's arbeiten, dann hieß es wieder, er wäre letzte Nacht durch's Wasserreservoir im Central Park geschwommen. Wir hörten immer wieder diese wilden Stories über ihn, fanden endlich sogar raus, wer seine Agentin war, und sie kam rein und erzählte mir: ›Oh, Marlon ist an Filmen generell nicht interessiert.‹ Ich sah sie also scharf an und antwortete: ›Moment mal. Sie sind doch gerade in meinem Büro, oder?‹ Nachdem wir uns dann darauf geeinigt hatten, daß sie da war und daß ich da war und daß Marlon kein Interesse an Filmen hatte, arrangierte sie einen Gesprächstermin für uns. Als er zu den Probeaufnahmen kam, sagte er kein Wort. Er saß nur da und zerriß einen Briefumschlag in kleine Stücke. Also dachte ich mir, da hätte ich ein Genie und gab ihm den Vertrag. Ich fuhr zurück nach Kalifornien, las das Script, und es *stank*. Also wurde der Film nie gedreht und Brandos Vertrag nie erfüllt.«

Wie auch immer, nach sieben Jahren in Warner Brothers unterster Schublade, wurde Jugendkriminalität zu einem Fall von kulturellem Belang. Mit anderen Worten, mit *The Wild One* und *Saat der Gewalt* in den Kinos, die jeweils mit winzigen Budgets gedreht wurden und jeweils die dicke Ernte einfuhren, war Jugendkriminalität *heiß*. *Saat der Gewalt* war die ungeordnete Vorhut der Dinge, die da kommen sollten – ein Film über den zornigen jungen Mob. Rebellion, Neurosen, Prä-Therapeutischer Unmut – alles hoch zehn, wenn auch nicht in Nahaufnahme. Verwässert stimmt schon eher (im Mittelpunkt des Films steht die idealistische Schulmammi Glenn Ford). Hollywood mußte bald erkennen, daß zu viele neurotische Jungs die *Angst* verderben. *Saat der Gewalt* war eine Sache, um auf dem Flur zu randalieren, aber er gab einem nichts mit, über das man im Schlafzimmer – dem privaten Schrebergarten, in dem Teenträume wachsen – brüten konnte.

In *The Wild One* erobert und terrorisiert eine Motorrad-Gang eine Kleinstadt. Wie in vielen *Method*-Filmen ist die Hauptrolle ein Kind in der Garderobe eines Männer-Imitators. Marlon Brando spielt keinen *biker* – ein weitverbreitetes Mißverständnis –, er spielt ein Kind. Auf die Frage »Wogegen rebellierst du?« witzelt er weltberühmt »Was haben sie anzubieten?«, ein Schritt zu neuen Ruhmesgipfeln hirnlosen Trotzes, ein metaphorischer Biß in die Rassel.
In *Method*-Filmen spielen männliche *Method*-Hauptdarsteller größtenteils Rollen – kreieren Charaktere! –, die egoistisch, unverantwortlich und unschuldig sind. Kurz, sie spielen *Kinder*. In *I Lost At The Movies* schreibt Pauline Kael: »Der verwirrte *Kid* hat sich aus den Depressionshelden entwickelt, aber das Erklärungsmuster der Dreißiger greift nicht mehr (die Armut ist Schuld), und dessen verfeinerte Form aus *Die Faust in der Tasche* (die Korruption ist Schuld) griff nie. Damit war der Weg frei für das nächstoberflächliche und noch modischere in *Jenseits von Eden*: die psychologische Erklärung (Liebesentzug ist Schuld). Die Anlage des Terry in *Die Faust in der Tasche* hinkte der Zeit ein wenig hinterher. Bei ihm setzte man Heldentum voraus, weil er für das Gemeinwohl einstand. Cal ist in *Jenseits von Eden* gänzlich und ganz einfach seiner Bedürfnisse wegen der Held, und seiner Veitstanz-Allüren, der ›schlechten‹ Dinge wegen, die er tut.«
Denn sie wissen nicht, was sie tun treibt diesen Verkindlichungsprozeß sogar noch weiter. Kommt Zeit, kommt verrücktes, aufgewühltes Kind. Dean flehte nach Liebe, Verständnis, aber vor allem – nach Therapie. In den Fünfzigern dämmerte das Zeitalter des verläßlichen Konsumenten. Während man die Eltern anregte, nach einem neuen Auto, einem Kühlschrank oder Fernseher zu lechzen, ermutigte man ihre Gören, sich nach Pickelcreme, Negerplatten und psychiatrischer Hilfe zu verzehren. Nicholas Ray und David Wisebart,

der Regisseur und der Produzent des Films, testeten persönlich alle Anwärter, die für die eigentlichen Probeaufnahmen vorsprachen, mit Fragen wie: »Wie ist Ihr Verhältnis zur Mutter?« Margaret O'Brien, die für die Rolle der Judy vorsprach, wurde des Saales verwiesen, weil sie angab, ihre Eltern zu lieben. In der Welt von *Denn sie wissen nicht, was sie tun* gilt es als Kindesmißhandlung, wenn Daddy sich weigert, Junior die Wagenschlüssel zu geben.

Stewart Stern hatte beim Drehbuch das letzte Wort und schrieb in seiner Charakteranalyse der männlichen Hauptrolle: »Jim Stark (James Dean): Das zornige Opfer und die Folgen. Mit siebzehn Jahren ist er sich völlig im unklaren über seinen Platz im Leben. Seines unter dem Pantoffel stehenden Vaters wegen hat er nicht gelernt, was es heißt, ein Mann zu sein, und wegen der Kränkungen durch seine Mutter sieht er in allen Frauen den Untergang. Und doch will er ein Mädchen finden, das bereit ist, sich seiner Zärtlichkeit zu öffnen.«

Zu Anfang des Films sieht man den abgefüllten James Dean in der Gosse mit einem kleinen Aufzieh-Äffchen spielen – ein intelligenter Vierjähriger hätte das Ding zum Weihnachtsbasar gegeben, weil er rausgewachsen ist – seinen Schmuseaffen unter einem Zeitungsfetzen zur Ruhe betten, ehe er sich in Embryonalhaltung zusammenrollt, um dem Spielschimpansen in Morpheus' Arme zu folgen. Der Bullen-Weckdienst rückt mit heuldenden Sirenen an und karrt ihn aufs Revier, wo die Co-Stars bereits eingetroffen sind. Plato (Sal Mineo) wurde festgenommen, weil er einen Wurf Welpen abgeschossen hat – der Aufschrei des Herzens, weil ihn seine Mutter (die Schlampe) nicht mehr zu seinem Analytiker läßt. Judy (Natalie Wood) wurde wegen Herumtreiberei aufgegriffen – mit der Menschheit über Kreuz, weil ihr Vater sich weigert, mit ihr zu schmusen.

Bald wird klar, daß diese jungen Menschen *nicht auf dem*

Holzweg sind. Sie sind gänzlich schuldlos. Fehlgeleitet sind ihre Eltern. Jims Problem sind ein schwacher Vater und eine starke Mutter. Judys Problem sind ein starker Vater und eine schwache Mutter. Platos Problem ist, daß seine Eltern geschieden sind. Die Bullen sehen ein, daß die Gesellschaft Schuld ist und sind so großherzig, Jim seinen Spielaffen zu lassen (der bei dem Gedanken, man könnte ihn ihm nehmen und bei Fremden in Pflege geben, fast psychotisch reagiert). Im ersten Teil des Films sagt sich Jim von seinem lammfrommen Vater los, weil Dad die Unordnung beseitigen will, die er durch ungeschicktes Fallenlassen eines Tabletts mit Schnittchen verursacht hat. »Sie soll es sehen! SIE SOLL ES SEHEN!« verweist er leidenschaftlich kreischend auf seine MOM. Gab es jemals eine *dem* vergleichbare Krisensituation der Männlichkeit? Der ins Kraut schießende MOMismus des Films verschlägt einem den Atem. MOMismus war das große Ding im Amerika der Fünfziger: Seelenklempner aller Couleur entdeckten plötzlich, daß alle Querköpfe , Randalierer, Junkies, Psychopaten, Versager usw. eins gemeinsam hatten. In ihrer Vergangenheit gab es eine MUTTER! *Sie* war an allem Schuld! MOMismus bedeutete, wie *Method* selbst, nie eine Schuld eingestehen zu müssen.

Mom entmannte Männer, schnitt ihnen die kostbarsten Teile ab, um sie als Ohrringe zu tragen, und winkte ihnen jeden Morgen ins klägliche Büro nach, während der kleine Mann, hätte es da nicht diese penisneidischen Amazonen der Vorstädte gegeben, ausgezogen wäre, Büffelherden mit seinen bloßen Händen niederzumachen und Indianer auf kleiner Flamme zu rösten. Wie es in solchen Fällen geht, versickerte auch diese Angelegenheit vom betroffenen Intellektuellen- und Akademikermurren durch die Medien in ihre (und alles Irdischen) letzte Ruhestätte – die Situationskomödie. Die platzten bald aus allen Nähten vor verängstigter amerikanischer Männlichkeit in Nöten – verklemmter Schlappschwanz haut mit allem, was er anfaßt, in den Sack, immer im Schatten der einschüchternden Gestalt des lockengewickelten, Nudelholz schwingenden Frauchens.

Denn sie wissen nicht, was sie tun bot einiges vom hysterischen MOMismus schlechthin, eine unvermeidliche Nebenwirkung des Verkindlichungsprozesses der *Method*. Man sah, wie James Dean sichtlich der Angstschweiß ausbrach, sobald Frauen nicht mehr unten auf einer Stufe mit den Negern gehalten wurden. Plato, Judy und Jim verkriechen sich in einer verlassenen Villa und spielen Vater-Mutter-Kind, ein Anblick, so keusch, daß sich Barbara Cartland dagegen wie *Letzte Ausfahrt Brooklyn* liest. »Hier bin ich glücklich«, nöhlt Plato. Doch wehe! Es ist nur ein schöner Traum. Plato fällt in Schlummer, und Jim und Judy gehen auf Entdekkungsreise. Als Plato erwacht, findet er sich in Gesellschaft zweier umfänglicher Gentlemen wieder, die auf die Namen Crunch und Goon hören und Jim suchen, den sie verdächtigen, sie bei der Polizei verpfiffen zu haben.

Hysterisch bei dem Gedanken, von Jim und Judy verlassen zu sein, flieht der überkandidelte Plato und versteckt sich mit Moms 45er in der Griffith-Park-Sternwarte. Die Polizei trifft ein und umstellt das Gebäude, während Jim hineingeht, um Plato – mit Liebe – zu entwaffnen und herauszuschmeicheln. Dies gelingt ihm, doch Plato ist es nicht gegönnt, ins Reich der Lebenden zurückzukehren, ohne erst von einem wildgewordenen Bullen abgeschossen zu werden.

Der Höhepunkt des Films demonstriert, daß *Method*-Filme nicht übers Kalte-Füße-Kriegen und Aus-Kommerziellen-Erwägungen-den-Schwanz-Einkneifen hinausgingen. Der Schluß von *Denn sie wissen nicht, was sie tun* ist eine Versöhnungsorgie, bei der einem die Zähne ausfallen können. Jim reißt sich von Platos noch warmer junger Leiche (ironischerweise unterstützte das LAPD die Dreharbeiten zu *Denn sie wissen nicht, was sie tun*, während das NYPD jede Hilfe bei

Saat der Gewalt verweigerte – obwohl nur in *Denn sie wissen nicht, was sie tun* ein mißverstandener junger Bursche von der Polizei niedergemäht wird), wirft sich auf die Knie und umklammert seines Vaters Beine – »Hilf mir!« –, um dann Judy zu seinen Eltern zum Tee einzuladen, nachdem sein ›Pantoffelheld‹-Vater sich mit einem Blick, der die Milch sauer werden läßt, gegen die ›kränkende‹ Mutter aufgelehnt hat.
The Wild One wurde ähnlich verwässert. In *J. D. Films* von Mark Thomas McGee und R. J. Robertson stellen die Autoren fest: »Stanley Kramers ursprüngliche Absicht (in *The Wild One*) war, die Intoleranz des Mittelwestens gegenüber jedem, der von der Norm abweicht, aufzuzeigen. Ein viel zu beunruhigendes Konzept, um durch die Zensur zu gehen. Herausgestrichen wurde im Gegenzug die Grausamkeit der Gang, nachdem alle Versuche, ihre Bösartigkeit verständlich zu machen, untergebügelt worden waren. Ähnlich heruntergespielt wurde die Doppelmoral der Geschäftsleute.« In diesen Filmen wird der Versuch unternommen, Jugendkriminalität zu entkriminalisieren. Darin steckt jedoch eine gewisse Zweideutigkeit. In erstaunlich vielen Brando-Filmen – *The Wild One* (1954), *Die Faust in der Tasche* (1954), *Der Besessene* (1961), *The Chase* (1966) und *The Appaloosa* (1966) – bekommt der von Brando dargestellte – kreierte! – Charakter spektakulär eins übergebraten, weil böse Kinder verdienen, einen auf die Finger zu bekommen, Spock hin oder her.
Für James Dean mußte es, natürlich, die Todesstrafe sein. *Denn sie wissen nicht, was sie tun* war in den Augen von Warner Brothers nie mehr als ein B-Movie gewesen, ein bißchen Wassertreten, ehe sich der aufstrebende Jungstar an die Dreharbeiten zu *The Left-Handed Gun* und *Somebody Up There Likes Me* (beide Rollen – Jesse James und Rocky Graziano – wurden Paul Newman vererbt) machte. Daß der Film zu einem so phänomenalen Erfolg wurde, hatte zwei Gründe. Er kam – exquisit, wie ein Timing nur sein kann – vier Tage,

nachdem sich Jimmy Dean auf dem Highway 466 mit dem Lenkrad aufgespießt hatte, in die Kinos, und er spiegelte perfekt den Geist der *Method*. Der Kassenerfolg und ein ewiger, bester Sendeplatz im Herzen der Populärkultur waren ihm immer sicher.

Schlagender als jeder andere kulturelle Artefakt bewies der Film, daß der Kult des *teenage* mit seiner unschuldigen Hingabe und der rituellen zornigen jungen Affektiertheit nicht die Brücke zwischen Kindheit und Großjährigkeit ist, sondern das unüberwindbare Hindernis.

Konstantin Stanislavski und sein Bruder spielten öfter dieses Spiel – sie stellten sich für fünf Minuten in die Ecke und versuchten... *nicht* an einen weißen Bär zu denken. Jene Schauspieler und Zuschauer, die seit frühester Kindheit durch die *Method* verkrüppelt waren, hatten mit einem ähnlichen Problem zu kämpfen. Sie hatten sich selbst in die Ecke gestellt, und keinem von ihnen gelang es, auch nur fünf Minuten an etwas anderes als sich selbst zu denken.

Der Wahnsinn der *Method* war frontale Hirnamputation an der Jugendkultur. *Method*-Schauspieler quälten sich nicht, sie hätten bloß gequält werden sollen. ECT, würde ich sagen.

Autorität war 1956 eine *Aunt Sally*, von jedem aufrechten karrierebewußten Wirrkopf vor den Toren der Stadt mit einer Tomate zu steinigen. John Osborne wurde Anfang dieses Jahres sechsundzwanzig, ungefähr das Alter des Durchschnittsteds, und wenn er auch mit der Fahrradkette keine große Hilfe war, teilte er mit ihnen doch eine Art verzweifelten Patriotismus (Britannia war nicht mehr Herrscherin des Suezkanals, ganz zu schweigen der Weltmeere, und viele junge Männer fühlten sich betrogen), ihren widerspenstigen Stolz und ein angeborenes Minderwertigkeitsgefühl (Muttermale der Klasse) und das Bedürfnis, jeden verfügbaren Spucknapf voll über die Jahre angesammelter Galle über ein wehrloses Haupt auszuleeren. Doch während die Teds über Zyprioten und Westindier herfielen, legte sich Osborne mit Sandhurst und der Königlichen Familie an. Wenn sich auch nichts so sichere Ziele für Schießübungen sucht wie die mutwillige Respektlosigkeit – bis *Blick zurück im Zorn* am 8. Mai 1956 am Royal Court Theatre uraufgeführt wurde, war *Salad Days* die populärste Bühnenfassung jugendlicher Hysterie. *Blick zurück im Zorn* war alles, was es in der Stadt an Frischfleisch gab.

Obwohl Osborne der geborene Colonel Blimp mit Gewerkschaftsbuch war, gab es, als es 1956 Autoritäts-Popanze zu verbrennen galt, keinen Schreiber im Lande, dem es mehr gebührt hätte, den Scheiterhaufen zu entfachen. Es wirft ein bezeichnendes Licht auf seinen sozialen Hintergrund, daß er 1945, im Alter von sechzehn , vom Belmont College in Devon verwiesen wurde, nachdem er über die Königliche Familie gelästert und dem Direktor eine Ohrfeige verpaßt hatte – nicht verwiesen für's Direx-Prügeln, sondern wegen *Schmähung des Monarchen.*

Ein Jahr nach *Look Back In Anger* schrieb Osborne in *Declarations*: »Mein Einwand gegen die Königlichen Insignien ist, daß sie tot sind, Goldzähne in einem Mund voll Zerfall. Während das Symbol des Kreuzes für Werte steht, steht die Krone schlicht für *Ersatz* für Werte. Wenn sich die römischen Menschenmassen vor dem Petersdom versammeln, nehmen sie ihren Platz in einem moralischen *System* ein, so abscheulich es auch sein mag. Wenn der Mob die *Mall* hinunterdrängt, nimmt er Teil am letzten Aufbäumen einer Zivilisation, die den Glauben an sich verloren hat, die sich an blendende Trivialität, an die ›Schönheit‹ der Zeremonie und den ›tiefen Geist des Rituals‹ verkauft hat. Mag sein, daß wir keine Schönheit erschaffen oder unseren Geist bilden, aber, bei Gott! dafür haben wir die erstklassigsten Riten und Zeremonien der Welt! Das machen uns nicht mal die Amerikaner

nach.« Im übrigen darf man wohl annehmen, daß Mr. Osborne die Gefühle eines Rundkopfs zehn Jahre früher in krasseren und farbigeren Worten zu umreißen wußte.
Alan Carter, ein Osborne-Biograph, schrieb: »Osborne gelang der entscheidende Durchbruch, während Arden, Bolt, Delaney, Pinter, Wesker und andere bereitstanden, die Bewegung erfolgreich weiterzuführen. Sie hatten bestimmte Überzeugungen und Haltungen gemein, obwohl ihr Werk sehr unterschiedlich ist. Im wesentlichen waren sie linksgerichtet, desillusioniert und respektlos.«
Was die Zornigen tatsächlich gemein hatten, war der Grund ihres Zorns. Die Zornigen zürnten der Klasse, die sie als Kleinbürger nicht hatten. Es war Klassenkrieg – falls man eine Kombination aus Karrierestreben und dünnbrettbohrendem Mißmut als Krieg bezeichnen kann – verbrämt als Kinderkreuzzug, alles Schmieröl fürs gnadenlose Getriebe des Jugendkults.
Jimmy Porter, der zornige junge Archetyp in Person, war das perfekte Blasrohr für Mr. Osbornes Giftpfeile. »Bruder Nigel? Der Gemeinplatz von Outer Space – da habt ihr Bruder Nigel. Der aufrechte, kinnlose Wunderknabe aus Sandhurst? Der endet eines Tages im Kabinett, daß ihr euch nur nicht vertut.«
Kenneth Tynan, der Theaterkritiker des *Observer, der* Theaterkritiker, schwemmte die gemischten Reaktionen auf *Blick zurück im Zorn* (*The Sunday Times* und der *Daily Express* mochten es, die *Times* und der *Daily Mirror* nicht) in einer Flutwelle der Begeisterung beiseite. »Alle Qualitäten sind da, Qualitäten, die je wieder auf der Bühne zu sehen man schon verzweifelt aufgehört hatte zu erwarten – der anarchische Touch, die instinktiv linke Haltung, die automatische Absage an alle ›offiziellen‹ Standpunkte, der surrealistische Humor, die zwanglose Promiskuität, das schmerzliche Vermissen eines Ziels, für das es wert wäre, zu streiten, und die Grund-

lage für all das, das Gebot, daß niemand, der stirbt, unbeweint von uns gehen soll. Auch ich glaube, daß *Look Back In Anger* wahrscheinlich ein Minderheitenerfolg wird. Maßgeblich ist aber immer die Stärke der Minderheit, die ich auf rund 6733000 schätze, was der Anzahl der Menschen im Alter zwischen Zwanzig und Dreißig in diesem Land entspricht. Und diese Zahl wird sich sicher um Überläufer aus anderen Altersgruppen erweitern, denen daran liegt, sich vom Denken und Fühlen der heutigen Jugend ein präzises Bild zu machen. Ich bezweifle, daß ich jemanden lieben könnte, der nicht den Wunsch hat, *Blick zurück im Zorn* zu sehen.«

Dieser Feldzug für Bürgerschreckliche Ehrenrechte schwappte über in eine Unzahl Gleichberechtigung fordernder Filme – *Room At The Top, A Kind Of Loving* – die es als gegeben hinstellten, daß dem Helden das Recht auf Dünnbrettbohren zukam. In den Alltagsdramen der späten Fünfziger und frühen Sechziger, nach einige Jahre früher erschienenen Romanen gedreht, ist der Held ausnahmslos seiner Freundin »in die Falle getappt« (sie wird schwanger und wandelt sich unverzüglich zum alten Reservespieler des britischen Films, der zänkischen Vogelscheuche). Kurz, der Weibsteufel entpuppt sich als seine *Mutter* – die erstens den Helden *nie* gemocht hat und ihn – den Vorläufer der Ich-Generation – davon abhält, *sich selbst zu verwirklichen* (was im Alltagsdramen-Jargon soviel bedeutet wie Klassische Bildungsbürgermusik anhören, das Sixities-Äquivalent zur Mitgliedschaft im Squash-Club). Unausweichlich rebelliert der Held, indem er eines Nachts halbvoll zu Heim und Herd zurückfindet und symbolisch über Schwiegermutters Cyril Lord kotzt. Nie zuvor in der Geschichte des Kinos wurde vom Publikum erwartet, einen Bubi zu beklatschen, weil er rückwärts frühstückte, aber eben das forderten Alltagsdramen als billigen Tribut an Credibility. Aller Wahrscheinlichkeit nach ging so die britische Filmindustrie zugrunde – nicht mit einem Fick, sondern mit einem Kotz-Würg.

Die Beats waren Bohème, wo der Büffel graste, altbewährte Bohème ins Nachkriegs-Nordamerika versetzt, Lebensläufe voller Chaos und Verderbtheit, man nahm sich mehr Zeit, über Kunst zu reden, als Kunst zu machen, aber das einmalige an ihnen war, daß sie Amerikaner waren und daß sie mobil waren. Jack Kerouacs Schreibmaschine setzte eine Million Rücksäcke ab und in Bewegung.

Jack Kerouac war ein Franco-Kanadier aus der Kleinstadt, glückloser College-Footballspieler, frustrierter Tintenpisser und verrückt dazu – 1943 flog er aus der U.S. Navy, weil er sich für Samuel Johnson ausgab (damals schrieb er am unveröffentlichten *The Sea Is My Brother*). Neal Cassady war ein Junge aus dem Mittelwesten, von seinem Alkoholikervater in wechselnden abträglichen Hotels aufgezogen. Zwischen 1940 und 1944 stahl Cassady 500 Autos in und um Denver. Er wurde dreimal erwischt und jedes Mal in die Besserungsanstalt geschickt.

Neal Cassady interessierten zwei Dinge im Leben – Mädchen und Autos. Jack Kerouac interessierten auch zwei Dinge im Leben: Alkohol und Neal Cassady. Jack Kerouac schrieb achtzehn Bücher über sich – er konnte keinen eingewachsenen Zehennagel haben, ohne vom brennenden Bedürfnis gequält zu werden, den Rest der Welt davon zu unterrichten –, blieb aber im Grunde eine Eintagsfliege und, wichtiger, eine Null. Er hatte stets die ausgesaugt und nachgeäfft, die ihn umgaben – Allen Ginsberg, William Burroughs, Gary Snyder, Lucien Carr –, aber Cassady war es, der seinem Leben und Werk auf die Sprünge half.

On The Road wurde zwischen 1948 und 1956 geschrieben und im September 1957 veröffentlicht. Ann Charters, eine Biografin Mr. Kerouacs, schrieb: »Kerouacs Neal Cassady (»Dean Moriarty«)-Vision in *On The Road* beruhte auf

einer der elementarsten Phantasien Amerikas, dem Traum vom Cowboy, frei und ungebunden, der sich im Gedränge und der Geschäftemacherei des modernen Lebens treiben läßt. Im Roman erscheint Neal in Jacks Phantasie, noch ehe sie einander begegnen, als Cowboy, der nackt in dem New Yorker Appartement steht. In *On The Road* spiegelt sich ein Sinn für die Aufmüpfigkeit amerikanischer Volkshelden, den Geist der endlosen *Plains* des Westens, in Cassadys unbändiger Rastlosigkeit. Cassady war in *On The Road* der Einzelgänger, der Held, dem am Ende des Weges nichts bleibt. Ihm wurden epische Züge verliehen, um Kerouacs Visionen ausleben zu können, die sinnlichen, ekstatischen Freuden der Straße wie den Blick auf deren niederschmetternd sinnlose Leere. Die Realität in Kerouacs Leben – ein mittelalter Schlaffi, der bis zum siebenundvierzigsten Lebensjahr bei seiner Mutter lebte – verblaßte neben dem überwältigenden Image seines Werks – auf Wanderschaft durch Amerika, frei wie eine Biene. Was *On The Road* versprach, war Kindheit mit Führerschein. Für viele war das ein Angebot, daß sie nicht ablehnen konnten, und mit ihren Vorlieben für Marihuana und Mystizismus waren die Beats die Hippie-Grundschule. Das Buch machte Kerouac berühmt, wenn auch nicht reich – das höchste, was er je rausholte, waren 7500 Dollar. Die *Idee* hinter *On The Road* war unendlich ansprechender als das tatsächliche Werk – Mein schönstes Ferienerlebnis in ein poetisches Idyll verpackt, eine homoerotische Liebesgeschichte, die zusätzlich dadurch langweilt, daß sie platonisch bleibt – wenn auch weder Jack noch Neal weltliche Bedürfnisse fremd waren –, und als der Weisheit letzter Schluß aufgeputztes Schwachsinnsgeplapper – das Buch endet mit der Folgerung »Gott ist Puh, der Bär«. *Sinnig*.
Wenn der Erfolg des Buchs schon seinem Schöpfer über den Kopf wuchs, der im Haus seiner Mutter an Fett und Verzweiflung zunahm – so kam es für *On The Roads* Helden

noch schlimmer. Kurz nach der Veröffentlichung von *On The Road* wurde das FBI auf Neal Cassady aufmerksam, hängte ihm eine fingierte Anklage wegen Marihuanabesitz an (V-Männer gaben ihm Geld, um Dope zu kaufen, das er auf der Rennbahn verballerte, aber sie kriegten ihn trotzdem dran), und im Mai '85 trat er eine fünfjährige Haftstrafe in San Quentin an. Sal Paradise und Dean Moriarty konnten danach in Gegenwart des anderen nicht mehr so richtig warm werden.

Kerouac war kein glücklicher Mann. Die beiden hervorstechenden Charakteristika der Beats waren extreme sexuelle Freizügigkeit und milde radikales Vokabular. Weder am einen noch am anderen mochte Sankt Jack sich freuen. »Meine Anhänger glauben, in meinem Sinne zu handeln. Sie ficken vor mir rum, aber alles, was ich sehe, sind Schenkel.« Die Bemerkung läßt unklar, ob Mr. Kerouac strengere Sex-Standards forderte oder nur bessere Sicht. Auf den Barrikaden fühlte er sich genauso unwohl. Ann Charters: »Er (Kerouac) hatte in alten Tagen immer darauf gepocht, unpolitisch zu sein, aber als seine Freunde (Allen Ginsberg, Gary Snyder, Philip Whalen) als Radikale weithin Aufsehen erregten, wütete er gegen sie, weil sie nicht wie er amerikanische Patrioten waren.« Als Mr. Ginsberg mit Zeilen wie seiner überlegten politischen Analyse zur Durchführung der nahenden amerikanischen Revolution von sich reden machte – »We'll go all the way out! We'll take our clothes off to read our poems!« – langte Kerouac nach dem Tokayerfäßchen. In den Sechzigern wurde Cassady Fahrer von Ken Keseys sogenanntem *Magic Bus*, einmal mehr Steuermann, der diesmal die LSD-verseuchten sogenannten *Merry Pranksters* zu unbekannten Zielen führte. Kerouac war für Halluzinogene unempfänglich. Nachdem er einmal, 1961, mit Timothy Leary LSD versucht hatte – eine üble Erfahrung, die Kerouac in die Zeit zurückversetzte, da er als Wahnsinnsbeute aus der Navy geflogen war –, ließ sich

Kerouac nicht mehr davon abbringen, zu verbreiten, die – hehe – Russen hätten die Droge ins Land gebracht, um junge Amerikaner zu schwächen.

»America it's them bad Russians« spottete Allen Ginsberg, *»Them Russians, them Russians and them Chinamen. And them Russians. The Russia wants to eat us alive. The Russia's power mad. She wants to take the cars from our garages. Her wants to grab Chicago. Her needs a Red Readers Digest. Her wants our auto plants in Siberia. Him big bureaucracy running our filling stations. That no good. Ugh. Him make Indians learn read. Him need big black niggers. Hah. Her make us all work sixteen hours a day. Help.«*

Aber Kerouac ging nicht den ausgetretenen Pfad der Rechten, der sich mit zunehmenden Jahren, vergärendem Hirn und steigendem Reichtum von selbst auftut – er war jahrelang Anhänger William Buckleys. Für dreitausend Dollar schrieb er 1969 einen in mehreren Zeitungen abgedruckten Artikel, in dem er die gesamte amerikanische Gegenkultur und die Neue Linke verfrühstückte – und verleugnete. »Ich bin Pro-amerikanisch«, winselte er, »und radikales politisches Engagement scheint in die entgegengesetzte Richtung zu tendieren... in diesem Land machten ich und meine Familie einen guten Schnitt, im großen und ganzen, und ich sehe keinen Grund, besagtes Land herabzusetzen.« Betrunken behauptete er beharrlich, US-Marine zu sein und allzeit bereit, von einer Minute zur anderen nach Vietnam aufzubrechen, sollte Uncle Sam seiner bedürfen. Er war einen weiten Weg gegangen, seit er *On The Road* mit »Weißt Du nicht, daß Gott Puh, der Bär ist?« schließen ließ. Oder auch nicht.

Von seinem Neal abgesehen, war eine der unausrottbaren fixen Ideen Kerouacs seine feste Überzeugung, unfruchtbar zu sein. Er beharrte darauf, daß er unmöglich der Vater des Kindes seiner Frau sein könne, weil er unfähig zur Fortpflanzung sei. (*Jan* Kerouac – nicht verwandt oder verschwägert!) Aber

Jack Kerouac zeugte einen Lebensstil, und ein Bluttest zum Nachweis der Vaterschaft war kaum von Nöten.

Oberflächlich betrachtet erschienen die Mods als bloße Reaktion auf das schmierige Lümmeln der Teds. Aber es ging tiefer und weiter als das. Mod repräsentierte die gesteigerten Erwartungen der intelligentesten und weltoffensten unter den proletarischen Jugendlichen. Mod füllte die Lücke zwischen Vollbeschäftigungen und unerfüllten Hoffnungen, war das fehlende Glied zwischen ausgebombten Häusern und Bacardiwerbung.

Die ersten Mods waren vernarrt in alles Kontinentale – für sie war Modernism eine Pauschalreise der Seele. Frühe Londoner Mod Clubs waren solche, die in erster Linie einer Klientel Französischer Studenten aufwarteten, Le Kilt und La Poubelle. Proto-Mods trugen italienische Anzüge und *French Crops*. Sie ließen schweigend französische Filme mit Untertiteln über sich ergehen. Endlich fragte sich einer von ihnen laut, warum man Monsieur Marcel Marceau nie einen Dialog sprechen ließ. Mods wurden häretische Europäer, als sie beschlossen, der englischen Anzuglinie den Vorzug zu geben, und feststellten, daß sie zu Mireille Mathieu nicht tanzen konnten.

Mods machten gepflegtes Auftreten zur Kunstform. Die geisterhaften Totems ihres Stils – ein Fingerbreit Extra am Jakkett-Schlitz, der Aufnäher am Hemd – ermöglichten ihnen, in den Banken, Versicherungsagenturen und Reedereien Mods zu sein, in denen sie arbeiteten. Die Zeit, die eben diese Jobs sie kosteten, hieß, daß – trotz *Tiles*, dem Mittagspausen-Underground – das Wochenende die Zeit für Mod pur rund um die Uhr war. Nie vorher legte ein Kult solches Gewicht auf Freizeit – Bank Holidays, Wochenenden. Der Aufmacher von *Ready, Steady, Go!* – The Weekend Starts Here – war mehr als nur so dahingesagt. Des Mods geistiges Auge ruhte immer auf dem Kalender. 1962 debütierte Mod mit Interviews mit und Fotos von ein paar jungen *faces* aus Stamford Hill in der Illustrierten *Town*. »Billgorri of Bishopsgate. Erstklassiger Schneider. Alle *faces* gehen zu Billgorri. Und zu John Stephens. Die erste Adresse für Hosen.« So hatten Arbeiterjünglinge nie gesprochen. Der junge Mark Field, fünfzehn, der zum jungen Mark Bolan heranwachsen sollte, erzählte *Town* von gewissen Hemden bei C&A. »Manche von den *faces* gönnen ihnen keinen Blick, weil sie nur 14,60 kosten. Einfach lächerlich.« Einmal in Schwung, erinnerte er sich eines Gingham-Hemds, das er am selben Morgen bei Woolworths erspäht hatte. »Nur zehn Shillings. Ein paar kleine Änderungen, und es sieht aus wie ein Vier-Guinea-Job von John Michael.« Die erwähnten Stylisten, die den Mods so gute Dienste leisteten, hatten eine lange Lehrzeit absolviert. Vince in der Newburgh Street hatte seit 1954 Prachtgewänder an Homosexuelle und Showbiz-Typen verkauft. John Stephens hatte dort als Assistent angefangen und sich dann mit dreihundert Pfund und einem Laden in der Beak Street selbständig gemacht. Nachdem sein ganzes Lager bei einem Brand zerstört wurde, fing er um die Ecke, wo die Miete nur zehn Pfund die Woche war, von vorne an und hob Carnaby Street aus der Taufe. Mod leitete sich von modernistisch, wie in Modern Jazz, ab – scharf, sauber, modern, alles, nach dem sie selbst strebten. Charlie Mingus und Dave Brubeck, nicht Acker Bilk und Kenny Ball, *Mod not Trad, dad*. Für diese Jungs durfte es Ziegenbärtchen und Sandalen nicht geben.

Wie die der Teds war auch ihre Musik amerikanisch. Anders als die Musik der Teds stammte sie von schwarzen Amerikanern. In *Generation X*, dem Doomsday Book der Frühsechziger-Jugend, sagt ein 16jähriger Mod: »Im Moment sind die *Spades* unsere Helden – sie können tanzen und singen... wir tanzen Shake und Hitch-Hiker zu schnellen Nummern, aber wir kommen immer wieder auf's Engtanzen zurück, weil es die *Spades* auch so machen.«

1962 griffen einige wegweisende Mods den traditionellen City-Gent-Look auf – eine Zeitlang trugen einige wenige sogar Regenschirme und Bowlerhut. »Es hat sich nicht lange gehalten«, sagt Johnny Moke, »aber daher stammen die taillierten Anzüge.« Ab 1962 waren Mod-Anzüge eher Anglo als italienisch – eine selbstsichere Wahl, die schließlich zum swingenden England und all dem führen sollte. Andere Freizeitkleidung floß in die allgemeine Strömung des Mod ein, so z. B. Sportswear von Lonsdale in der Beak Street (ein noch bestehender Mod-Tempel). Der Parka, den prototypische Mods der Jahre 1959–60, die *scooter boys*, aus praktischen Erwägungen getragen, entwickelte sich zum festen Bestandteil des Mod-Stils, als sich mehr *faces* motorisierten.

Es war irrwitziges, ständig wechselndes, heikles Zeug. Ein Mod, der eine Zeitlang außer Landes gewesen war, sagte, er wage nicht, einen seiner Anzüge zu tragen, ehe er herausgebracht habe, ob die Seitenschlitze des Jacketts fünf oder sechs Inches lang sein müßten. Die Amphetamine, die die Mods konsumierten, brachten ihnen nicht nur frische Energie, sondern förderten auch akuten Narzißmus und ungesunde Hautfarbe. Die Mods machten es sich selbst nicht leicht.

Mittlerweile gingen sie ins Flamingo (nach Sonnenuntergang der Allnighter genannt), ins Scene und La Discotheque. Die Attraktion des Flamingo waren die schwarzen GIs, deren Stammlokal es war, von denen die Mods im Land nicht erhältliche Soulplatten kauften. Eingeborene Whiteys wie die Beatles und die Stones, die sich nach amerikanischen Mod-Favourites die Finger leckten, während die noch hofften, eines Tages die Kunst des Songschreibens zu meistern, waren in den Augen der *facedom*-Puristen unaussprechlich daneben. Der zwanghafte Konsumismus der Mods, so subtil, daß er für ein oder zwei Jahre im toten Winkel der Erwachsenenwelt überleben konnte, kam 1963 endlich zu Ansehen, als im August des Jahres das *Hairdresser's Journal* karrierebewußten

Barbieren im ganzen Land mitteilte, daß sie fee-fi-fo-fum, das Klimpergeld junger Engländer witterten. »Modernists, oder kurz Mods, stellen um 35 % der männlichen britischen Teenager. Ihre Moden sind die schärfsten, brandaktuellsten überhaupt, und der männliche Mod opfert wahrscheinlich ein Viertel bis ein Drittel seines wöchentlichen Einkommens seinem äußeren Erscheinungsbild. Daher stellen sie einen nicht zu unterschätzenden Kundenkreis für den Friseur dar, der darauf eingerichtet ist, ihnen die geschmackvollen, sorgfältig gepflegten Frisuren zu bieten, nach denen sie suchen.«

Stil war das Gegengift der Mods zur schleichenden Paralyse des Arbeiterlebens, aber als Angehörige der Arbeiterklasse genossen sie an Bank Holydays einen rituellen Ausflug an die See mit derselben Begeisterung wie jeder alte Hutzel in Freizeithütchen und Clogs. Die ersten Mods verabscheuten Gewalt – jede Woche ein kleines Vermögen für Kleidung auszugeben ist das wirkungsvollste der Wissenschaft bekannte Mittel gegen Pöbelhaftigkeit –, aber die Masse neu hinzugekommener, geistig anspruchsloserer Mods (und mittlerweile *war* es eine Massenbewegung – fünf »Mod«-Magazine kamen Anfang 1964 auf den Markt, und alle verkauften eine Auflage zwischen 250 000 und 500 000 pro Ausgabe) war nicht so verzärtelt. Der Ostersonntag 1964 im nicht ganz so sonnigen Clacton war der kälteste Ostersonntag seit 1884. Die Läden hatten wenig zu tun und schlossen früh. Ein paar einheimische Lederjungs balgten sich mit Mod-Ausflüglern. Naschhafte Mods mausten ein paar Ostereier. Ein paar Steine flogen, und ein Häuflein verspielter Mods drang ohne zu bezahlen in den Pier ein. Dann ging es brav nach Hause zu Mama.

Am nächsten Tag widmete jede Zeitung außer der *Times* den bescheidenen Clactoner Heldentaten der Mods die Titelseite. Typisch war »WILD ONES INVADE SEASIDE TOWN – SCOOTER GANGS INVADE CLACTON« im *Daily Mirror*. Der Innenminister höchstpersönlich verkündete zwar: »Es gab keinerlei Unruhen oder Bandenkriege. Clacton wurde nicht verwüstet.« Aber das sollte noch kommen – die Berichte hatten den Teufel an die Wand gemaltt und am nächsten Bank Holiday wurde Clacton, wie Margate, Hastings und Bornemouth, zum Schauplatz echter Unruhen.

In Margate berief Richter Dr. George Simpson das Gericht zu einer außerordentlichen Sitzung an Pfingstmontag ein, um die Fälle der vierundvierzig angeklagten Jugendlichen zu verhandeln.

In der Urteilsbegründung für die dreimonatige Freiheitsstrafe eines Mods sagte Dr. Simpson: »Ich glaube kaum, daß die Luft dieser Stadt jemals von solchen Horden männlicher und weiblicher Rowdys verpestet wurde, wie wir sie dieses Wochenende erleben mußten und deren Beispiel sie sind. Diese langhaarigen, geistig instabilen kleinen Schlamper, diese strohköpfigen Caesars, die nur mutig werden, wenn sie wie Ratten im Pack jagen können, kamen in der erklärten Absicht nach Margate, Leben und Eigentum seiner Bewohner zu mißachten. Kraft unseres Gesetzes wird dieses Gericht nicht zögern, die angemessenen Strafen zu verhängen. Dies wird, wie ich hoffe, ihnen und anderen ihres Schlages, die mit diesem brutalen Virus infiziert sind, zur Abschrekkung dienen.«

Cute Lord Arran äußerte sich in einem Schreiben an die *Evening News* pragmatischer zu den Riots. »Um Clacton tut es mir wirklich leid – ein nettes, herzliches Städtchen. Wenn schon eine Stadt dran glauben mußte, hätte ich Frinton vorgezogen. In Frinton tragen sie die Nase ziemlich hoch.«

Die Rocker waren zahlen- und IQ-mäßig unterlegen, auf Bier und Bräute und ihre Maschinen fixiert. Diese Autobahn-Neandertaler waren weniger Subkultur als ein Teil der Großen Britischen Rowdytradtion. Wenn auch im Gedächtnis der Medien für alle Zeiten mit den Mods vereint, ging die schmähliche Schicksalsgemeinschaft doch nicht allzu tief; einmal waren die Mods weltoffene Stadtwesen, die Teds dagegen ländliche Atavismen – sie sahen nicht allzuviel von einander, außer zu besonderen Anlässen wie Ostern. Sie halfen sich gelegentlich gegenseitig als Sandsack und Zuchtmeister aus, sonst nichts. Mods verschwendeten wenige Gedanken an Rocker, wie überhaupt an irgend etwas außer sich selbst.

Swinging London war die Reaktion von zusammenrasselndem späten Mod und frühem Hippietum – den Effekt auf Mod könnte man als Todesursache diagnostizieren, aber nähere Betrachtung zeigt, daß es nicht die Sechziger waren, die den Modernism auslöschten. Mod hatte eine Reinheit, die allen anderen Kulten abging. Im Modernism gab es keine kindische *angst* und keine »Stars«, »Prominenz« und »Persönlichkeiten«, die der schleichenden Selbstgefälligkeit des Showbiz entsprochen hätten. Sie traten nicht in Wettbewerb, es sei denn, untereinander. Die Mod brachten niemanden hervor, dem die Erwachsenen auf den Schultern tätscheln und zu einem der ihren machen konnten, keinen zum Umschmeicheln und Vereinnahmen. (The Who waren clevere, plumpe Travestie). Die einzigen Reifen, durch die Mods sprangen, waren die, die sie sich selber drehten. Mod erhielt den Gnadenstoß nicht durch Hippie-Schandflecken, schlechte Presse oder weil sie vom Kommerz aufgesogen wurden. Er starb aus, weil keiner der heldenhaften Infanteristen je wieder siebzehn sein würde. In den Achtzigern hemmen wirtschaftlich harte Zeiten das Wachstum des jungen Mannes und ermöglichen ihm so, bis hoch in die Zwanziger mit seinem kulturellen Rudel zu laufen. Damals, als die Welt noch *modern* war, wurden junge Leute schneller erwachsen.

Hippietum überkam Bohemia, als ungeahnte Mengen Geld und Drogen zugänglich wurden. Den jungen Leuten war es noch nie so gut gegangen – keinem war es je so gut gegangen –, und darum wollten sie die Gesellschaft verändern. Sie konnten es sich leisten, dafür frei zu nehmen. Geld und Drogen halfen Bohemia, den Arsch hoch zu kriegen. In einigen Fällen vom Arsch auf die Füße, in anderen Fällen vom Arsch auf den Rücken.

In der Hoch-Zeit des Hippie gab es stets zwei gängige Perspektiven – die persönliche (»Nach den *Doors* war es einfach nicht mehr dasselbe, sich mit den Eltern zum Mittagstisch zu setzen«) und die politische (*»Be the first one on your block to have your boy come home in a box«*). Ironie im Überfluß – der persönliche Zweig der Hippies, mit der Betonung der dubiosen befreienden Wirkung chemischer Exzesse und unbegrenzter sexueller Freizügigkeit, war nicht so intim, keinerlei Träume von Weltherrschaft zu hegen, während die Tatsache, daß der politische Flügel der Hippies die Regierung der Vereinigten Staaten wirklich unter Druck setzte, sich aus Vietnam zurückzuziehen (und den Preis dafür in einem Blut zahlte, das nicht nach Tomaten schmeckt), gegen den allgemeinen Geist der Zeit aufgerechnet werden muß: Lethargie und Pazifismus hingen so schwer in der hedonistischen Luft der Spätsechziger, daß höchstwahrscheinlich ebenso viele Einberufungsbescheide in Flammen aufgegangen wären, hätte die U.S. Army im Krieg mit Nazi-Deutschland und nicht mit seinem diametralen Gegenteil, dem Viet Cong (der heiligsten Armee, die jemals lebte und tötete) gelegen. »Die Grausamkeiten in Vietnam kann man nicht isoliert sehen«, schrieb Richard Neville, »sie stehen im Zusammenhang mit den der kollektiven Bürokratie eigenen Grausamkeiten, der unbewußten Grausamkeit des Fließbands.« Über die genaue Anzahl der Fabrikarbeiter, die die U.S. Army im Laufe der Sechziger mit Napalm aus der Kantine räucherte, gibt es keine Angaben.

Der fehlgeleitete Idealismus der Hippies wurde durch die psychotische Sentimentalität ihrer Gegner überflügelt und reingewaschen.

»Wenn Du unbedingt Deinen Einberufungsbescheid verbrennen willst«, greinte Victor Lundberg in einem »Offenen Brief an meinen Teenager-Sohn«, »dann verbrenn' auch Deine Geburtsurkunde. Von diesem Moment an habe ich keinen Sohn mehr.«

Die Geschichte schweigt darüber, ob Lundberg Junior den Rat seines Vaters beherzigte oder nicht, aber zu der Zeit dieses Meisterwerks gefühlsduseliger emotionaler Erpressung – »Ein Offener Brief an meinen Teenager-Sohn« stieg am 25. November 1967 in die U.S.-Charts ein, schaffte es bis Nummer zehn und flog nach drei Wochen raus – waren brennende *draft cards* (oder *Selective Service System cards*, um sie beim Namen zu nennen, unter dem sie der amerikanischen Regierung bekannt waren) das reinste Buschfeuer, außer Kontrolle und unmöglich zu löschen.

Nur zwei Jahre zuvor war der zweiundzwanzigjährige David Miller vom FBI verhaftet und als erster Mann wegen Mißachtung eines Gesetzes gegen die Zerstörung von Einberufungsbefehlen abgeurteilt worden, das Präsident LBJ einige Monate vorher erlassen hatte. Mr. Johnsons Pressesprecher informierte die Medien, daß »David Miller unseren Widersachern ein falsches Bild dessen zeichnet, was die amerikanische Bevölkerung wirklich empfindet.« Er lag so schief, wie man nur liegen kann.

Die Art des Krieges, den Amerika gegen Vietnam führte, erlaubte es Kriegsdienstverweigerern, sich redlicher zu fühlen, als sich je ein Kriegsdienstverweigerer fühlte oder fühlen wird. Die Art des *Selective Service* verstärkte dieses Bewußtsein eigener Redlichkeit nur.

David Pichaske schrieb in *A Generation in Motion*: »Während der *Selective Service* die Armen und die Schwarzen einzog und in den Tod schickte, winkten sie die Söhne weißer Mittelklasse-Amerikaner in die Sicherheit des Colleges und der 2-S Rückstellung, und dann schwebte drohend die 2-S über dir – verbrenn' deine *draft card*, und es ist aus mit der Rückstellung, dreh' dem Dean eine Nase, und es ist aus damit: Und dann geht es geradewegs ins Ausbildungslager und geradewegs nach San Diego und geradewegs auf nach Nam und heim in der Holzkiste. So *hatten* sie dich einfach, und es *gab* diese Zusammenhänge, genau wie man immer befürchtet hatte.« Amerikanisches Hippietum hatte seine Wurzeln in den Beatniks, und englisches Hippietum erwuchs aus Swinging London – jenem historischen Moment, da Mod in einer Marihuanawolke gen Himmel fuhr und Lord Snowdon im Rollkragen eine Sensation auslöste. Aber mit weiterer Entfaltung lernten die Beats zu Swingen, und die Swinger begannen zu riechen – sie wurden zu einer langhaarigen homogenen internationalen Verschwörung verschweißt und im Universaldünger Rockmusik gebadet. Dank der Lebenslüge über ihre eigene Profundheit, ausgelöst durch die bedauerlich unverständlichen Texte Bob Dylans und den ironiebetäubenden Effekt hirnverkürzender Drogen wie LSD und Marihuana, hatte die Rockmusik ihre Reinheit, Vulgarität und *joie de teen* gegen angebliche »Bewußtseinserweiterung« und um hundertachtzig Grad gedrehte, bemitleidenswerte Respektabilität eingetauscht.

Bei allem dem Hippietum zugeschriebenen politischen Bewußtsein: als die Schwarzen Watts niederbrannten, verbrannten die meisten Weißen Räucherstäbchen. Bekloppte Halluzinogeniker konsumierten LSD mit der religiösen Inbrunst eines reuigen Sünders, der den Rosenkranz herzt – zum allerersten Mal war Pop ein Vehikel für ekelhafte religiöse Begierden. Sogar die Fun-Fun-Funsters von Beach Boys hatten ihren Maharishi. Ringo Beatle mag mit der Beschwerde aus Indien zurückgekehrt sein, es sei »genau wie Butlins«, aber – wie im Falle des letztgenannten oder des Subkontinents, der in solchem Übermaß Gurus-für-Stars in die Welt setzte – klarer Verstand war schon eine ganz andere Sa-

che. Brian Epstein wurde begraben, unbeweint von den Jungen, die er geliebt und zu Aller Lieblingen gemacht hatte. Mit den Klassikern aufgewachsene schöngeistige Kritiker, denen Sibelius sicher näher stand als Sam the Sham, schmolzen bei *Sergeant Pepper's Lonely Hearts Club Band*, dem Pearl Harbour der Popmusik, wie Backfische dahin. In der Einleitung von *Klau Mich* schrieb Abie Hoffman über den Yippie-Entwurf für eine neue Gesellschaftsordnung (Mr. Hoffman definierte den Yippie ganz reizend als einen Hippie, der von einem Polizisten auf den Kopf geschlagen wurde): »In gewisser Weise ist *Klau Mich* ein Handbuch fürs Überleben in dem Gefängnis Amerika. Es predigt Ausbruch. Es zeigt, wo und wie genau das Dynamit plaziert wird, das die Mauern sprengen wird. Der erste Abschnitt – ÜBERLEBEN! – legt ein potentielles Aktionsprogramm für unsere neue Nation dar. Aus den Kapitelüberschriften ergeben sich die Forderungen für eine freie Gesellschaft. Eine Gemeinschaft, in der die Technologie Güter und Dienstleistungen für jeden gewährt, komme, wer wolle. Es ist ein Aufruf an die Robin Hoods des Santa Barbara-Forest, die Räuberbarone zu berauben, denen die Burg Kapitalismus gehört. Es wird vorausgesetzt, daß der Leser bereits ›Ideologisch gefestigt‹ ist, daß er also im gesellschaftlichen Feudalismus den einzigen Raub sieht, der es Wert ist, ›Verbrechen‹ genannt zu werden, weil er an der Menschheit insgesamt verübt wird. Ob die Methoden dieser Abzieh-Scheiße legal oder illegal sind, ist irrelevant. Die Buchstaben des Gesetzes schreiben die Bosse der bestehenden Ordnung. Unser Moralkodex verbietet uns, einander zu berauben. Von einem Bruder oder einer Schwester zu stehlen ist böse. Die Institutionen *nicht* zu bestehlen, die das Schweineimperium stützen, ist gleich verächtlich.«
Diese Phrasen beschrieben einen Haufen Blödsinn. Bis zum Sommer der Liebe – der Butterfahrt des Hippietums – war einigen Hippie-Gründungsvätern aufgegangen, daß die Gol-

denen Berge nicht zu besteigen waren, und sie wandten sich ab, desillusioniert. Die Diggers waren die Heilsarmee der Westcoast-Psychedelia, die hungrigen Heads freie Häppchen austeilte. 1967 reflektierte ein ehemaliger Digger säuerlich das Ende der Gratisverpflegung: »Na, Mann, es brauchte eine Menge Organisation, das aufzuziehen. Wir mußten uns wirklich rumschlagen, um an das Essen zu kommen. Dann mußten die Mädels oder sonstwer (!) es zubereiten. Ne Menge Leute müssen ne Menge Sachen zur richtigen Zeit machen, oder alles geht in die Hose. Naja, es lief darauf hinaus, daß die meisten Leute das eben nicht taten. Irgend so'n Hengst will uns den Truck nicht leihen, wenn wir ihn brauchen, oder irgend ne Schnepfe treibt sich woanders rum und kann nicht aushelfen. Nun läßt man nicht gerne den Dicken raushängen und fängt an, den Leuten vorzuschreiben, was sie zu tun haben, aber ohne das, Mann... naja.«

Der Grund für die Kreuzzugsmüdigkeit der Hippies war nicht so sehr, daß sie Drogen nahmen, sondern daß die Drogen, die sie nahmen, dem User garantierten, sich in einem Zustand seligen Winterschlafs kreuzfidel vorzukommen. »So viel Dope wurde an Freunde verschenkt, umsonst«, ruft sich David Pichalske träumerisch ins Gedächtnis, »weil du ihnen Welten öffnen wolltest, die sich dir geöffnet hatten und es so *schön* war, ihnen zuzusehen, wenn der Traum begann.« *Schleimer*!

Hippietum verlor seinen Einfluß auf die westliche Welt, weil es so viele wunderliche, innere Welten entdeckt hatte, die es zu durchwandern galt. Aber während die Hippies ihre Augen vor der Realität verschlossen, hatte die echte Welt das kommerzielle Potential im Hippietum entdeckt. Am 17. Oktober 1967 war in der Astor Library in Greenwich Village die Premiere von *Hair*, dann zog es in die Cheetah-Diskothek ein, von da ins Biltmore am Broadway und schließlich in die ganze Welt. Das Soundtrackalbum verkaufte sich über fünf Millio-

nen mal. Der *Rolling Stone* bemerkte naserümpfend, die Musik von *Hair* sei nicht mehr Rock als jede Zahnpastawerbung.
Andere wandten sich nicht aus kommerziellen Erwägungen dem Hippietum zu, sondern um sich mit *credibility* zu schmücken. Die uns so schmerzlich fehlenden Monkees drehten 1968 einen *Head* betitelten Film, mit dem sie sich die Liebe der Kinder, ihres ergebenen Kundenkreises, verscherzten, ohne die Gunst der Hippies zu erringen, um deren Anerkennung sie buhlten. Hippietum war geschlossene Gesellschaft.
Der New Deal der Yippies degenerierte rasch zu Kleinkriminalität und endlosem Geschwafel. »1968 nahm ich in New York an einem Yippie-Meeting teil«, erzählte Richard Neville, »bei dem ein Kaufhaus-*loot-in* geplant wurde. Wir suchen uns ein Geschäft aus. So an die zwanzig von uns werden reingehen, die Sachen aussuchen, die wir brauchen, dem Kassierer eine Blume überreichen und zur Tür gehen.«
Doch der Mensch lebt nicht von Blumenarrangements allein. Der Wahn von Autarkie, den die Hippies so hoch hielten, überlebte selbst das historische Datum, an dem überdeutlich wurde, daß die nackte Existenz der Hippies auf Gedeih und Verderb in der helfenden Hand der nüchternen Welt lag – Woodstock. Wenn auch in der Schreibweise des offiziellen Mythos Woodstock als tiefste Erfüllung der Hippieideale und Altamont als Tod eines Traums gilt, war es in Wahrheit doch Woodstock, daß das ungünstigste Licht auf Heuchelei, Hilflosigkeit und zahnlose Lethargie der Hippies warf.
Woodstock! Jene zauberhafte Nation von Liebenden, die unvergessen bleibt! Seht den Film, kauft das Dreifach-Soundtrackalbum! Motorisierte Hippies verstopften die Straßen nach Woodstock in einem acht Meilen langen Verkehrsstau, derweil ein aus heiterem Augusthimmel herein-

brechendes Gewitter das Gelände in ein Schlammloch verwandelte. Die Polizei erklärte Woodstock zum »Katastrophengebiet« und tat daran nicht unrecht. Die einzige Stärkung auf dem ganzen Gelände gab es bei einem Chemie-Co-op, der ein reiches Angebot an Opium, LSD, Psilocybin, Meskalin, Marihuana und Haschisch führte. Bei ihrem hektischen Aufbruch ins Gelobte Schlammland war den Hippies offenbar nie der Gedanke gekommen, daß ihre Mägen nicht immer so gut gefüllt sein könnten wie Mamis Kühlschrank. Im Land wo Milch und Honig fließen, gab es weder Speise noch Trank. Die Gegenkulturkapitalisten John Roberts, vierundzwanzig, Börsenmakler, und Mike Lang, fünfundzwanzig, Veranstalter – die Big Daddies hinter den Kulissen von Woodstock – waren zu beschäftigt gewesen, hinter den Kameras und dem Aufnahmeequipment herzurennen, um auch nur einen einzigen Hot-Dog-Stand aufzustellen.

Alsbald drohte einer halben Million munterer Woodstock-Camper der Hungertod – doch den heißhungrigen Schwärmern konnte geholfen werden. Die Frauengruppe des örtlichen jüdischen Gemeindezentrums fütterte die Grenzer Utopias mit 30000 Sandwiches. Der Besitzer von Woodstock, Mr. Max Yasgur, ein Milchfarmer mittleren Alters, spendete Berge von Milch und Käse, damit die magenknurrend in der Farm Einsitzenden nicht abnippelten. Selbst die Herzen der ursprünglich aufgebrachten Einwohner von Woodstock schmolzen für das Hippieelend, als sie die schnelle Mark im Zeichen des Wassermanns winken sahen. Am meisten zu Dank verpflichtet sind die Hippies aber Nixons Streitkräften, die ihnen halfen, den Klauen des Hungers zu entrinnen. Anstatt zu sagen »Laßt sie doch Glasperlen fressen«, wie man es nach all den verkohlten *draft cards* hätte erwarten können, schickte man die Air Force mit allerlei Dingen los, die Leib und Seele zusammenhalten. Trotz aller Proteste gegen Bomben, Napalm und Agent Orange, das dieselbe Air Force auf Vietnam regnen ließ – die Erdnußbutter schmeckte einfach klasse. Manna vom Himmel, von Präsident Richard H. Nixons Gnaden.

Als der Laufstall nach dreitätigem Hörnerabstoßen abgebrochen wurde – am anderen Ende des Landes war Sharon Tate gerade sieben Tage tot, von ein paar Langhaarigen aus alter Zeit ermordet –, war der Vorsteher der Polizeiwache von Monticello voll des Lobes: »Ungeachtet ihrer Persönlichkeit, ihrer Kleidung und ihrer Ideen sind sie die besonnensten, herzlichsten und besterzogenen jungen Menschen, denen ich in meiner fünfundzwanzigjährigen Polizeilaufbahn begegnet bin!«

Das Echo auf das Polizeilob für die Hippies war Hippie-Eigenlob – sie bauschten Woodstock zu dem Holz auf, aus dem man *Birth Of A Nation* schnitzt. *Jede Bewegung, die ein Ereignis wie Woodstock als moralischen Triumph feiert, macht ein Ereignis wie Altamont unvermeidlich.*

Obwohl die Hells Angels mit dem Ingrimm von Nationalgardisten über »Kriegsgegner« herfielen, hatten Gegenkulturspinner wie der Amateur-Acidtester Ken »Kuckucksnest« Kesey und die Marathonrocker Grateful Dead die ranzigen Reaktionäre auf blinkenden Harleys in den Rang von Volkshelden erhoben. All die guten Heads hatten ein Herz für Biker.

Es war Jerry Garcia, der Kopf von Grateful Dead, der in den höchsten Tönen von den Hells Angels geschwärmt hatte, als es die Rolling Stones, die beschlossen, als Höhepunkt ihrer Amerikatournee ein gigantisches Freikonzert zu geben, nach exotischen Ordnern verlangte. Der Wunsch der Rolling Stones, bei einem solchen Konzert aufzutreten, entsprang einem Zusammentreffen glücklicher Umstände – zum ersten Mal war die Möglichkeit, auf den nächsten Thron des Rock zu springen, zum Greifen nah, nachdem der Posten vakant geworden war: Die Beatles lagen im ungütlichen Scheidungsprozeß, und Bob Dylan war abwesend, um den zurückgezogenen Familienvater zu spielen.

Aber die Rolling Stones wollten keine Establishmentschweine auf der Rennstrecke im kalifornischen Altamont vor den Toren San Franciscos – sie wollten ihre eigene, alternative Polizeigewalt stellen. Es paßte ins Bild, daß sie bei all ihren ermüdenden, ruhmreichen Liebhabereien wie Satanismus, voyeuristischer Gewalt, schmutziger Injektionsnadeln und anderen Angewohnheiten, die das genaue Gegenteil von Love und Peace, Toleranz und Good Vibes waren, eine Crew der vollstreckenden Gewalt durch eine andere von weit größerer Brutalität ersetzen sollten. Es war höchste Zeit, daß sich das Schicksal dieser zwei Seelen in einer Brust erfüllte.

Im letzten Monat des letzten Jahres der Sechziger würgten 30000 Leute den Depressionscocktail aus Tranquilizern und billigem Wein runter und hielten sich, auf den kahlen Hügeln um Altamont zusammengedrängt, die kalte Dezemberluft mit brennenden Müllbergen vom Leib. Die Hell's Angels, denen man fünfhundert Dollar in Bier gezahlt hatte, um Love und Peace unter Kontrolle zu halten, hatten schon seit dem ersten Akt die Bühne betreten – es waren Santana, zugegeben schlecht genug, um jedermann in grausame Stimmung zu bringen – und das Publikum bedrängt. Vor der Bühne wurde ein Junge wiederholt ins Gesicht getreten, und der Set wurde dadurch – manche würden sagen, gnädigerweise – unterbrochen, daß ein weiterer häßlicher Engel ein Opfer über die Bühne verfolgte. Als Jefferson Airplane auftraten, wurde ihr Gitarrist Marty Balin von einem Queue schwingenden Angel bewußtlosgeschlagen (noch bewußtloser, vielmehr), weil er die Kühnheit besessen hatte, bei einer der vielen Aufmischungen einzuschreiten, die die Biker so freigiebig austeilten. Lachhafterweise flüchteten sich Jefferson Airplane , zitternd vor Angst und mit bewußtlosem Leadgitarristen, in ihre aufrührerische Hymne »Up Against The Wall, Motherfucker«.

Mittlerweile ganz Herren der Lage, fuhren die Hell's Angels ihre Maschinen durch die dichtgedrängte Menge und parkten sie neben der Bühne. Nach einem Set von Crosby, Stills, Nash & Young schickte man einen Trupp Bahrenträger ins Publikum, die mit ihrer blutigen, bewußtlosen Menschenfracht ins Erste-Hilfe-Zelt zurückkehrten.

Nach längerer Verzögerung kam die Zeit der Schätzchen der Schwarzen Kunst höchstselbst. Die Rolling Stones traten auf und fanden sich auf eine süße kleine Bühne gesperrt und von spöttischen, offenkundig geringschätzigen Hell's Angels umzingelt, denen Mick Jaggers tuntige Tänzchen ein Quell größter Heiterkeit waren. Als sie dann großkotzig ihr widerliches »Sympathy For The Devil« anstimmten, erstachen und zertrampelten die Hell's Angels nur wenige Meter vor der Bühne einen jungen Schwarzen, einen gewissen Meredith Hunter, der die sensiblen Engel dadurch in Wallung gebracht hatte, daß er zum Konzert seine sehr hübsche, sehr weiße Freundin mitgebracht hatte.

»Die Grausamkeiten schienen nur eine weitere Kulisse für die Stones-Nummern zu sein«, schrieb Sol Stern«, sie spielten weiter, im großen und ganzen ungestört, während entlang der Bühnenfront wieder und wieder Kämpfe aufflammten.«

Das gab, natürlich, einen guten Film ab, in dem Mick Jagger angesichts einer Zeitlupenaufnahme vom Mord an Meredith Hunter weinte – ein weißer Sänger, der alles der Inspiration schwarzer Künstler verdankt, verfolgt den Mord an einem Schwarzen, den die weiße Masse in untätiger Resignation mit ansieht.

Mr. Richards zeigte deutlich weniger Bewegung oder war sich vielleicht der Kameras weniger bewußt: »Die Leute forderten es einfach heraus. All diese nackten, fetten Leute hatten Opfergesichter.«

»Altamont hat nicht an sich und von sich aus etwas ›beendet‹«, schrieb Greil Marcus, »eher barg es eine außergewöhnlich komplexe und eigenwillige Metapher dafür, *wie* Dinge in den Sechzigern endeten, um mit Robert Christgau zu sprechen. Alle Standarten waren feierlich aufgereiht, und die Masse zog weniger aus, um Spaß zu haben, als um ihren Beitrag zu leisten, der Gegenkultur ihren Platz in der Geschichte zu sichern. Die Folge war, daß sich Gegenkultur in Form der Hell's Angels (›Unsere gesetzlosen Brüder‹, wie manche sie zu nennen beliebten), Rock'n'Roll und Tausende politisierter und entwurzelter Jugendlicher gegen sich selbst richteten. Keiner wußte mit einem Spektakel umzugehen, daß vom Moment seines Beginns an jede Vorstellung, auf der es gründete, ins Gegenteil verkehrte, Brüderlichkeit in Grausamkeit, Großzügigkeit in Selbstsucht, Schönheit in Häßlichkeit, High-sein in einen schlechten Trip.«

Als die Hippies die Hohlheit ihrer Träume und Versprechen erkannten, machte das Business netto mehr Geld damit, als man auf den ersten Blick annehmen sollte. Das Wunder des Hippietums war bis zu Massa selbst durchgedrungen. Hollywood wartete das Ende der Sixties ab, bis es das Jahrzehnt entdeckte, wenn auch Filme wie *The Activist* (1969), *The Strawberry Statement* (1970) und *RPM* (1970) weniger vom Geist des Hippietums durchdrungen waren als vom Geist des überwältigenden Kassenerfolgs, dessen sich das B-Movie *Easy Rider* erfreute – wo Heads sind, ist die Butter geschmiert.

Zur gleichen Zeit zeigte eine Zeitungsanzeige unter der respektvollen Aufschrift »Woodstock Music Festival, 1969« ein Foto der Massen, die sich in Farmer Yasgurs Feld breitgemacht hatten. Unter dieser goldenen Erinnerung las man die Legende: WENN ES EINE SACHE GIBT, AUF DIE ANVIL SICH VERSTEHT, DANN IST ES IHRE KLEIDUNG«, gefolgt von einem einnehmend knallharten Verkaufsgeplänkel: »Wir geben nicht vor, alles zu verstehen, was heute in Eurer Welt vorgeht. Aber eins wissen wir. Wir machen Hosen und Hemden, auf die viele Typen abfahren. Aus mehreren guten Gründen. Wie die Paßform. Die Eignung für jede Gelegenheit. Die Verarbeitung mit Fortrel-Acetat. Und der niedrige Preis – schon ab sieben Dollar. Ehrlich gesagt, von vielem, was sich heute abspielt, haben wir keinen Schimmer, aber das, wovon wir Ahnung haben, müßte Euch gefallen. Unsere Firma mag 72 Jahre alt sein, aber unsere Hosen und Jeans sind definitiv etwas für die Generation unter Dreißig.«

Sogar der *Playboy* entschied, Love und Peace seien Blutsverwandte von Mr. Hefners promisker Pseudophilosophie. Den Titel der Ausgabe vom September 1970 ziert ein Stirnband tragendes, vor Peacezeichen strotzendes »Hippie Chick«; der Schatten ihres Peacezeichens bildet die Silhouette des Bunnyzeichens – lechz, lechz usw., Mann. Obwohl Hippietum sich noch bis tief in die Siebziger schleppte, war es dann das, wozu all die Griffe nach den Sternen verkommen waren – ein Marketingtrick. Unterhaltung für Männer.

Wie El Cids zum Schrecken der Mauren aufs Pferd geschnürte Leiche wird das Leben eines Jugendkults von seinen untersten Rängen künstlich verlängert, auch wenn die Wurzeln der Sache schon verdorrt und abgestorben sind. Die unteren Ränge, die solche Dienste leisten, sind nicht die ergebensten Jünger eines Kults, sondern schlicht die dümmsten.

Stan Cohen schrieb: »Die extravaganten Mods, die sich in der Rhythm-and-Blues-, Camp- und-Carnaby-Street-Szene bewegten, mischten sich unter die modebewußten (sic!) Hippies und den aufkommenden Underground, während die »harten« Mods (in schweren Stiefeln, Jeans mit Hosenträgern, kurzem Haar... sprunghaft, einen Tick paranoid) sich von den phantasievollen Schnörkeln des Acid Rock abwandten und Ska, Rock-Steady und Reggae den Vorzug gaben. Als Mod starb, lebte das Bedürfnis großer Teile der proletarischen Jugend, sich sauber und hart (oder was sie dafür hielten) zu geben – im Gegensatz zu schmuddlig und verweichlicht, alias Hippie) – fort, auch wenn sie es längst aufgegeben hatten, von sich selbst als Mods, oder als überhaupt irgend etwas, zu denken. In den Sechzigern trugen nicht alle jungen Menschen Rankenwerk im Haar und Glöckchen an den Füßen – mit Sicherheit nicht jene, die man Samstags nachmittags auf Fußballtribünen und einige Stunden später unter Plastikpalmen herumlungern sehen konnte.

Die Skinheads tauchten in den Spätsechzigern auf und waren ein ebenso typisches Produkt des Jahrzehnts wie die Blumenleute. Die Erscheinung der Skinheads war eine liebevolle, geistig schwerfällige Parodie (lumpen-)proletarischer Männlichkeit. Sie hatten Sinn für Zusammenhalt, einen proletarisch-städtischen Zusammenhalt, der nicht länger existierte, wenn es ihn je gegeben hatte. Das East End war für viele Skinheads eine Art Camelot, ein verlorenes Avalon. Draußen in den Wohnsilos, in den Trabantenstädten war Skinhead eine Massenbewegung.

Wie Jay Gatsby – und jeder andere Jugendkult – erschufen die Skinheads sich selbst. »Wo die Mods die Aufstiegsmöglichkeiten erforschten, richteten sich Skinheads im Sumpf ein«, schrieb Phil Cohen. Die ersten Skinheads fühlten sich aus allen Bereichen relevanter Jugendkultur verdrängt, aber genau dieses Ausgestoßensein war die Grundlage ihres Selbstgefühls, der erste Schritt zu einer verteidigungsbereiten, festgefügten Gemeinschaft. Die Skinheads legten großes Gewicht auf Revierkämpfe, in die Enge getriebenen Kumpels zur Hilfe eilen, alle verfügbaren Fallstricke hysterischer Männlichkeit. Die Kray-Brüder waren prototypische Skinheads. Die Hippies hatten es gewagt, am traditionellen Männerbild zu kratzen, und die Skinheads dürsteten nach Rache. »Hippiebashing« galt, wie »Paki-bashing« und »Queer-bashing«, als liebste Freizeitbeschäftigung der Skinheads, obwohl das

meiste von Skinheads vergossene Blut aus den Adern anderer Skinheads floß. Weil sie vor fast allem Angst hatten, sahen sich Skinheads gezwungen, aufzutreten, als fürchteten sie nichts. »Ich sag Dir, warum ich die beschissenen Pakis hasse«, sagte ein Mitglied des Skinhead-Braintrusts, »ich werde Dir mal was erzählen. Ich gehe mit ein paar Kumpels die Straße lang. Ich brauchte Feuer für meine Kippe. Also geh' ich zu dem Paki-Pisser und frage ›Hast Du Feuer, Junge?‹ Und was macht der Ficker? Ich sag's Dir: geht, nee, *rennt* in den nächsten Laden und kauft mir ne Packung Streichhölzer! Also ich frage Dich, was kann man mit so einem Arschloch anders anfangen, als ihn plattmachen? Und noch eins, warst Du mal in einem von denen ihren Restaurants? Hast Du Dir mal angesehen, wie die um dich rumschleichen, immer alles recht machen wollen? Ich hasse die Typen, das ist alles.« In einem Überblick über die Szene in Merry Olde England im *Rolling Stone* (des Doperauchers *Reader's Digest*) vom Juli 1969 ließ sich ein Skinhead zum Thema »Hippie-bashing« aus und bekundete nichts als *ennui* für diesen Zeitvertreib. »Weirdos aufzumischen macht nicht soviel Spaß, weil sie sich nie wehren. Sie krümmen sich bloß zusammen, wenn man auf sie eintritt.«
Diese Erklärung verschleierte nur unzulänglich die Tatsache, daß den Skinheads nichts lieber war, als butterweiche Opfer. Sie waren so feige, wie nur Schläger feige sein können, in Rotten jagend, immer bereit, beim ersten Anzeichen von Furcht zuzuschlagen. Daß die Schwarzen als Skinheadopfer weniger beliebt waren, lag nicht daran, daß, so die offizielle Skinheadstellungnahme, im Gegensatz zu den Asiaten »die Schwarzen mehr wie wir sind«, und noch weniger daran, daß die Skinheads sich für Rock-Steady, Bluebeat, Ska und Reggae erwärmten (nur eine weitere Trotzreaktion auf die weißen Vorlieben der Hippies). Schwarze ließ man in Ruhe, weil die Skinheads erleben mußten, daß sie zurückschlugen. Aber man

lebte immer noch nach der fünfzehn Jahre zuvor von den Teds ausgegebenen Devise, daß es dem Mitglied eines Jugendstammes durchaus möglich ist, schwarze Musik zu lieben und Schwarze zu hassen.
1976 waren die Zeiten immer noch sorglos genug, um ein paar Staubwölkchen aufzuwirbeln. Das Jahr markierte die letzte Ausfahrt Klapsmühle.
Punk war eine einseitige Unabhängigkeitserklärung.
Es war *keine* Kriegserklärung an die Welt, sondern ans Musikbusiness und das, was daraus geworden war. Das Punk-Glaubensbekenntnis – Do It Yourself! – hieß nichts anderes, als daß fast alle der ersten Punk-Jungs mit dem Durchbruch des Punk den ersten Fuß auf die Karriereleiter setzten. Vor den paar Dutzend Leuten, die Ende 1976 in die verspiegelten unterseeischen Tiefen des Roxy hinabtauchten, waren die meisten Musiker, Schreiber, Fotografen oder Designer. Die gesamte No-Future-Generation wußte *genau*, was sie mal werden wollte, wenn sie groß war. Daß die Musiker, Schreiber, Fotografen und Designer, deren Plätze sie einnehmen wollten, zum größten Teil zu unheilbar blöd waren, erfüllte ihr Streben mit einer Redlichkeit, die von Amphetaminen zu einem Eifer angefacht wurde, der für revolutionär durchgehen konnte.
Obwohl die Punks vorgaben, alles zu hassen, was zuvor gewesen war – *»No Elvis, Beatles or the Rolling Stones – in 1977«* – orakelten The Clash, die Madame Rosas der Bewegung –, waren die Punkbands mit ihren rudimentären Bass-Drums-Gitarre Lineups und der rechtschaffenen Empörung ihrer Songs Traditionalisten aber schon sehr das letzte Aufgebot des Rock'n'Roll. Der Hauptverdienst war das Verbot der ausgestellten Hosenbeine – die edelste Ächtung, seit William Wilberforce den Sklavenhandel unseres Landes für ungesetzlich erklärte.
In Punkesisch war »Hippie« eine üblere Schmähung als »Ba-

byficker« oder »Mutterlecker«. Hippies waren haarig, kleinbürgerlich und friedfertig – Punks waren strubbelköpfig, proletarisch und agressiv – oder taten wenigstens so. Eine Sache, die die Punks den Hippies wirklich nicht verzeihen konnten, war, daß sie, selbst 1976 noch, erfolgreich Positionen verteidigten, *die die Punks selbst anstrebten*. Hippies beanspruchten zuviel *Platz*. Scheiß Hippies, kommen hier rüber und nehmen uns die Arbeitsplätze weg...
Was die Punks außerdem an den Heads haßten, war, daß sie sie an sich selbst erinnerten, wenn sie es auch nie eingestanden. Punks und Hippies waren sich ähnlicher, als beiden Seiten zuzugeben lieb war. Auf beiden Seiten wurde reichlich Dope konsumiert. Wie die Hippies auf der Suche nach einem »besseren Lebensinhalt« den Blick nach dem Fernen Osten gerichtet hatten, hatten auch Punks ihre Wahlheimat, bekamen beim Gedanken an Jamaika feuchte Augen. Das Schlimmste, was bei einem x-beliebigen Punkevent von 1976–78 zu befürchten war, waren die unzähligen Reggaeplatten, durch die man sich hören mußte, ehe sich etwas halbwegs Hörbares auf der Bühne abspielte (und unvermeidlich war der Fünf-Akkord-Müll, der dann von der Bühne kam, im besten Falle, im besten Falle, mit etwas gutem Willen erträglich). Aus der Faszination der Punks an Jamaika schöpfte Boy George O' Dowd, selbst ein Ex-Punk, die Anregung für seine originale lachhafte Frisur.
Auch war Punk ein soziales Gewissen zu eigen, das dem der Hippies peinlich nahe kam – Punks waren, wie die Freaks, die zu hassen sie sich berufen fühlten, ganz *Radical Chic* und nichts dahinter. Der Markt für idealistisches Feuer war aus mehreren Gründen unsicher. Bei Demos zu marschieren, kostete eine Menge Energie, und die Punks, als empfindliche kleine Mimosen, die Nachteulen nun mal sind, sammelten ihre Kräfte lieber für die Zeit nach Sonnenuntergang. Und Punks konnten mit den lebenslänglichen Radikalen der Socialist

Workers Party, den Dogma-Treibern hinter solch ehrenwerten Interessengruppen wie Rock Against Racism und der Anti-Nazi-League, nicht recht warm werden. SWP-Leute waren *nicht ganz unsere Kragenweite*. Sie konnten der Ader der Punks für Theater und Melodram nicht ganz folgen, sie begriffen nicht, daß Punks – bei all ihren Karl Marx-T-Shirts und ›Anarchie‹-Tönereien – im Grunde ihres Herzens Showbiz Kids waren: gerade freisinnig und faul genug. Viele Punks fanden es überflüssig, sich mit Politik zu belasten, sobald sie erstmal aus dem besetzten Haus in ein eigenes Heim gezogen waren und den ersten Fernseher mit Fernbedienung gemietet hatten. Aber die ersten Punks, die heißhungrigen, hatten ein dramatisches Gespür, daß jedem Außenstehenden verschlossen blieb. Punk zu sein bedeutete, niemals bitte oder danke sagen zu müssen. Die meisten waren liebenswerte Arbeiterkinder mit guten Umgangsformen, spielten aber die Rolle von Barbaren vor den Toren der Plattenindustrie, weil sie sich ihrem Ruf verpflichtet fühlten. So verdienten sie sich ihre Essensmärkchen. Alles *war* unendlich schal und dumpf, und die Punk-Parolen – von wegen Hippies morden und auf Chaos statt Musik stehen – verliehen ihren Standpunkten genausoviel Nachdruck wie den Punkten, die sie für sich persönlich verbuchen wollten. Punks waren glühende Fans von David Bowie, den New York Dolls, Roxy Music, T. Rex und Gary Glitter gewesen und hatten die Begeisterung für Klunker und Kostüme, Fahrradketten und Naziarmbinden mit der Muttermilch aufgesogen. »Ich fühlte mich mindestens achtundvierzig Stunden lang beschmutzt«, brüstete sich ein GLC-Ratsherr, der Zeuge eines Sex-Pistols-Gigs geworden war – eine Jubelkritik.

Punk war für eine beträchtliche Anzahl aufsässiger Jugendlicher auf dem Weg ins Showbusiness ein herrlicher Einstieg auf die Karriereleiter. An der Popfront standen die Dinge wirklich so schlecht, wie es die Punks anprangerten; sie versprachen, Leben in die Bude zu bringen, und dieses Versprechen hielten sie. Bald eröffnete Punk all diesen jungen Menschen – die prototypische Arbeitsbeschaffungsmaßnahme – die Möglichkeit, über alles große Töne zu spucken, was ihnen in den Sinn kam, und die Leute hörten zu.

Das meiste, was die Punks (und ich ganz besonders) absonderten, war übereifriges halbgares Gebrabbel, daß in der Abgeschiedenheit einer nächtlichen Studentenschwafelsitzung aufgehoben gewesen wäre, aber die mitreißende Natur des Punk verlange es, dergleichen für die Öffentlichkeit zu produzieren. Im Punk eine Rolle zu spielen war die Alternative einiger Glücklicher zur Uni – mit großzügigen Stipendien von den Riesenkonzernen wie CBS und ICP.

Die ersten Punks redeten gerne davon, die Distanz zwischen Entertainer und Publikum zu überbrücken, eine Gegenreaktion auf Konzerte in gigantischen Stadien, bei denen Hunderttausende für ihr gutes Geld zusehen durften, wie ein paar meilenweit entfernte Ameisen auf der Bühne rumkariolten. Aber die Distanz, von der die Punks sprachen, war nicht rein körperlich, die Rede war nicht nur von der Rückkehr in schweißtriefende Kellerlöcher – Punks gaben sich als Männer des Volkes, die sich niemals ihrem geliebten Publikum entfremden würden, sagten sie, wie es glanzvolle Vorväter wie die Rolling Stones oder The Who getan hatten. Aber das war leichter gesagt, so lange man im Roxy für ein paar Dutzend Busenfreunde und Bekannte spielte – kreative Leute! *Wie man selbst*! –, als getan, sobald Punk den Durchbruch beim Massenpublikum schaffte, was dank der Schockhorror-Revolverblatt-Aufmacher, die die Sex-Pistols-Saga provozierte, ziemlich bald geschah.

Viele junge Leute, jünger als die Geburtshelfer des Punk, hatten von Punk gehört, und was sie gehört hatten, hatte ihnen gefallen. Stimmt, es läuft nichts. Ja, wir haben verstanden! Ja, WIR WOLLEN ACTION! Wo gibt's Eintrittskarten?

Bald spielten Punkbands in Läden, deren Schwellen sie noch vor wenigen Monaten nie zu überschreiten gelobt hatten – Schauplatz so vieler alter Hippie-Begeisterungsstürme, ebenso wie der Rainbow in Finsbury Park, wahrhaftig Nordlondons eigenes kleines Woodstock. Es gab massenweise Leute, die Punk in all seiner schmierigen Glorie sehen wollten, und es war sehr viel mehr Geld zu machen, als man je im Roxy zusammenkratzen konnte (wo die Stammkundschaft eh samt und sonders auf der Gästeliste stand.) Aber nicht die Verlokkung durch fette Kassenbeute stürzte Punk in die tiefe Depression, von der er sich nie wieder erholen sollte. Was wirklich wehtat, waren all diese... *punks*, wie sie sich nannten, Kinder in nachgemachten Sexshop-Klamotten, die im Hammersmith Odeon oder im Rainbow aufkreuzten, um The Clash und Jam zu sehen – waren sie nicht *unmöglich*? In seiner Frühzeit war Punk wie ein Gentlemanclub, eine Art *Bloomsbury Set* in Bondagehosen. Jetzt bevölkerten auf einmal all diese... *punks* die Szene, und wie einige von ihnen sich aufführten, war einfach *untragbar*! Sie *bespuckten* die Bands, die auf die Bühne kamen, sie sprangen in wildem Pogotanz vor der Bühne auf und ab, wie man es laut Sun-Berichten von ihnen erwartete, sie machten aus jeder Nase Pep eine große Sache – und, schlimmer noch, manche von ihnen nahmen überhaupt keine Drogen. Und falls als Vorgruppe eine schätzenswerte Band schwarzer Brüder, echte Trenchtownrockers, spielte, mußte man immer fürchten, daß diese... *punks* sie aller Wahrscheinlichkeit nach mit leeren Lager-Dosen von der Bühne bomben würden. Sehr unangenehm, sehr ernüchternd. 1977 – nur ein Jahr nach »Anarchy In The U.K.« – hatten die Medien die Bestie gezähmt und gelernt, mit Punk wie mit einem Musichall-Trend, einer *Novelty*, zu arbeiten. *News Of The World* und *Sunday People* brachten Stories über Punkbabies, Punk-Ted-Hochzeiten, Punkniedlichkeiten aller Art, während *Womans Own* unter dem Titel

Punks und Mütter eine Riesengeschichte über Töchter, die Punks waren, brachte. *Schaurig!*
Aber diese Kluft zwischen Punkpriestern und ihrem Publikum war die tiefste Wunde. Im Ersten Weltkrieg sagte ein deutscher General über die englische Armee »Löwen, geführt von Eseln«; bei Punk war es umgekehrt. Wie Puff, der Zauberdrache, schließlich aufgab und sich in seine Höhle verzog, ließen die Frühpunks nach und nach ihre sinkende Bewegung im Stich und widmeten sich wieder ihrer Karriere. Abfahren, Schaffner, die No-Future-Bewegung war an Bord.
Führerlos geworden, verzettelten sich die Punks in ihren Leidenschaften für jeden Kult, der jemals die Sonne der Kings Road gesehen hatte – bald gab es Skinheads, Punks, Teddyboys und – nach dem Two-Tone-Sturm im Wasserglas – Spielzeugmods an jeder Straßenecke. Aber Neues gab es nicht – der Kult der Jugend war herrenlos wie ein Landsitz verarmten Adels, der gegen einen Schilling vom Butterfahrt-Plebs durchtrampelt werden darf – von dem kein größerer Beitrag als das Eintrittsgeld verlangt wird.
Halbherzige Versuche, sich gegen die Flut mit Naswasser genähten Revivalismus' zu stemmen, waren Talmi in Reinkultur – die New Romantics der Frühachtziger und ein paar Jahre später die Casuals bauten ihr Häuschen auf nichts als schlumpige Kleidung und, im Falle der New Romantics (die alle ein paar Pfund zuviel auf den Rippen hatten, um auch nur entfernt exquisit oder elegant zu wirken; eher hat man romantische Anwandlungen beim Anblick der Müllmännerbrigade), noch schlumpigerer Musik. Das Geschenk der New Romantics an die Menschheit waren Jungen im Fummel, nicht gerade ein Anlaß für Trimphzüge und Volksfeste. Alles, was die Casuals zuwege brachten, war, den Preis von Sportswear in lächerliche Höhen zu treiben und dummgemusterte Strickjacken salonfähig zu machen, die auch Val

Doonicans verstaubtem Garderobenschrank wohl angestanden hätten.

1984 spielte Levis mit dem Gedanken, die ausgestellten Hosen wieder einzuführen. Mittlerweile ist man so tief gesunken, daß sie vielleicht einen Markt dafür finden. Zornige junge Allüren sind ein Ding der Vergangenheit. Neben unreiner Haut und Selbstmitleid gehört nun auch die weiße Flagge zur Teenager-Grundausrüstung.

Die Achtziger sind das finstere Mittelalter der Teenagerrebellion. In unseren Tagen wird sie nicht länger formalisiert, ausgekostet, zelebriert. Sie existiert nur noch in liebenswerten Travestien wie »Bad Boys« von Wham! (der glückseligsten Jungen im Showbusiness, sagt George Michael über den Erfolg: »Es ist ein Traum. Ich lehne mich regelmäßig zurück und denke Gott! ich kann's einfach nicht fassen, was ich hier treibe. Ich kann einfach nicht glauben, daß ich in meinem Alter tun und lassen kann, was ich will. Das muß das einzige Geschäft sein, in dem man soviel Geld hat, wie man braucht, sich abgesichert fühlt und keinem Rechenschaft schuldig ist. Es ist absolut himmlisch! Welchen besseren Job könnte es geben?«), George und Andrews zornigstem Moment, in dem unsere zweiundzwanzigjährigen Helden (deren Wachstum durch Monetarismus / weltweite Rezession – zahl' deinen Mitgliedsbeitrag an die Partei, und kreuz' das Entsprechende an – und die ökonomische Notwendigkeit für so viele Jugendliche, bis an den äußersten Rand der Jugend, praktisch bis ins reife Alter, bei den Eltern zu leben, empfindlich gestört ist) ihren Eltern – in unzweideutigen Worten! – klarmachen, daß sie den Bad Boys nicht vorschreiben können, wann sie nach Hause kommen sollen, denn: »*I'm old enough to kick down the door!*« Und in flüchtigen Momenten von Ü-Wagen *Cinema vertié* in den *Nine 'O Clock News*, den altertümlichen Hooligan-Riten, wenn auf den Straßen von Toxteth oder den Tribünen von Stamford Bridge Steine gegen Polizisten fliegen,

die unter Plexiglasschildern kauern. Und *darum* ließ sich nie eine Mutter graue Haare wachsen, wurde nie jemand für den Academy Award nominiert.
Niemals wieder werden Teenager die amerikanisch-sprechende Welt nehmen, als hätten sie den Laden gekauft.
Wie sie es taten.

Parade der Idole *(Idols on Parade)*

»Some people call me a teenage idol / Some people say they envy me / I guess they've got no way of knowing / How lonesome I can be.« (Ricky Nelson, 1962)

»Mondgesichter, aufgebläht von billigen Süßigkeiten und verschmiert mit Supermarkt-Make-up ... offene, schlaffe Münder und glasige Augen ... als *ich* 16 war, hörten meine Freunde und ich unsere erste Darbietung von Beethovens Neunter Sinfonie. Selbst heute kann ich mich noch an die Aufregung erinnern. Wir hätten nicht 30 Sekunden unserer kostbaren Zeit an die Beatles und ihresgleichen verschwendet.« (Paul Johnson, 1964)

Von all den Acts, die ihre Haut unter der Peitsche des Verbrauchers/Dompteurs in der Rock-and-Roll-Manege zu Markte tragen, stürzt niemand tiefer als das Teen-Idol, und niemand so tapfer. Es ist nicht die Rede von denen, die eher irrtümlich zu Nasse-Höschen-Idolen avancierten, von den Beatles zu Bowie zu Boy über den teuren dahingeschiedenen Jim Morrison und Bryan Ferry, aus jenen herrlichen, herrlichen Tagen, in denen es kleinen Mädchen und alten Männern hin und wieder möglich war, sich für ein Wochenende darüber zu einigen, was »richtige« Musik sei; *sie* haben das Sicherheitsnetz des Kritikerlobs und der albumkaufenden Kennergilde in der Rückhand, wenn das Geschrei verstummt.

Die Rede soll hier von jenen jungen Männern sein, bei denen allein die Anordnung von Augen und Mund, der Heiligen

Dreifaltigkeit der Anbetung, zählt, von jenen jungen Männern, mit deren therapeutischer Hilfe – dem Soft Skin Shuffle – junge Mädchen ihre Zuneigungen von ihren süß riechenden Freundinnen auf das Sägemehl und den Streuselkuchen übertragen, die den pubertierenden Durchschnittsjungen ausmachen – Teen-Idole, anständig und rein, jungfräuliche Vestalinnen mit abrufbereitem Lächeln, jene Jungs, die wie Mädchen und Rennpferde nach ihren Haaren, Zähnen und Hintern bewertet werden, die man beurteilt und ausrangiert wie Starlets.

Das Teen-Idol-Geschäft bedeutete lange Zeit gleiche Chancen für alle – d. h., es war gleichermaßen grausam und pragmatisch.

Aber das wahre Merkmal des echten Teen-Idols ist, daß er von allen, die nicht Arbeitermädchen unter 17 sind, verachtet wird, am meisten von den echten »Rock«-Fans. Elvis Presley wurde im allgemeinen von den außenstehenden Älteren verabscheut, aber *seine* Fans übernahmen schnell die Angst und Ekel-Plätze und verfluchten die Highschoolsweater Frankies und Bobbies, die mehr nach dem Geschmack der *nächsten* Heranwachsenden waren. Die Beatles waren die ersten Popcrooner, die sich weigerten, anmutig erwachsen zu werden und sich ins Cabaret zu verabschieden, und sie straften die Welt mit einer Generation von senilen Heranwachsenden, die zwar nicht ewig jung blieben, aber in dem Glauben lebten, es zu sein, und die musikalischen Vorlieben von jedem, der tatsächlich jung war, stets verächtlich abtaten.

In den Sechzigern liebte ich in kindlicher Unschuld die Doors und die Beatles, die Kinks und die Monkees, Herman's Hermit, Cupid's Inspiration, Vanity Fair und Love Affair. Ich wußte nicht, daß dies verboten war. Ich war überrascht, als ich etwa im Alter von 10 Jahren entdeckte, daß es O. K. sein sollte, die ersteren zu lieben – und bekloppt die letzteren –, und ich erinnere mich an die üble Nachrede der fachmännischen Rockfans, die kichernd zu glauben schienen, jedes Mädchen, das ein Bild von Steve Ellis an ihrer Wand hatte, sei ein infantiles Trampel, irgendwie spießig.

Genau da wandte ich mich gegen den Popsnobismus und verlor fast über Nacht das Interesse an den Kinks und den Beatles. Ich ließ »Disc« und »Music Echo« wie heiße Kartoffeln fallen und trug meine »Jackie« mit doppeltem Stolz. Ich wollte partout ein kulturelles Leben ohne jeden Drill, und der ursprüngliche, elementare Schrei- und Schluchz-Lebensstil des Teenyboppers erschien mir die beste Wahl.

1970 war ich zehn, und die Genies des Teenybops erschienen am Horizont. Eine Wonne war es, in jenem Morgenrot ein hirnloser, kreischender Hohlkopf zu sein...

Im ersten Monat des ersten Jahres der Siebziger, wie es sich für die Geburt des Musensohns eines Dancefloor-Jahrzehnts geziemt, wurde das gewaltigste Wunderkind – seit Mozart im Alter von sieben Jahren seine erste Sinfonie schrieb – auf einen ahnungslosen Planeten losgelassen. Little Michael Jackson, nicht mehr als zehn, nichts weniger als Perfektion, »I Want You Back«.

The Jackson Five waren die ersten Schwarzen, die beinah ausschließlich minderjährige, weiße Mädchen ansprachen; nicht wie Frankie Lymon, von dem niemand wußte, daß er schwarz war, bis man die Bilder von seinem Sterbebett sah, nicht wie die Supremes und Ronettes, die vielleicht weiße Jungs aufgegeilt und weißen Mädchen Lust zum Tanzen gegeben haben mögen, die aber in den kalten Augen weißer Mädchen nicht besser *aussahen* als jede andere scharfe Mulatto-Heulboje mit mehr Klimpergeld als Geschmack. Daß die Liebe der Teenagermassen keine Rassenvorurteile kennt, zeigte sich in Heathrow, als die Jackson Brüder genauso empfangen wurden wie vorher die Monkees, bis hin zum Ausreißen und Verehren von kostbarem Jacksonhaar.

Am gleichen Tag checkten fünf als die Osmonds bekannte

Brüder ins selbe Hotel ein. Sie sollten für die britische Jugend zwar erst 1972 zu einem Begriff werden, als ihr Hype die kraftvolle Kunst der Jacksons verdrängte, aber sie waren in ihrer amerikanischen Heimat schon berühmt und fest entschlossen, den Jacksons überallhin zu folgen und jeden ihrer Schritte bis aufs i-Tüpfelchen zu kopieren. *Weiße* Jackson Five! – was könnte ein kleines Mädchen mehr wollen, *das* war die Logik.

Die Osmond-Brüder waren im amerikanischen Fernsehen – in nichts Geringerem als der »Andy Williams Show« – schon fünf Jahre vor den Jacksons aufgetreten, ohne irgendwelche Plattenaufnahmen unterzubringen. Aber kaum hatte »I Want You Back« die Spitze erreicht, da wurden die Osmonds von MGM unter Vertrag genommen und wetzten runter nach Muscle Shoals, um »One Bad Apple« aufzunehmen, eine Nr. 1 im treudoofen Amerika und nichts hier.

Sie waren nichts als – im wahrsten Sinne des Wortes – blasse Schatten der Jacksons, mit ein paar zweifelhaften, geistlosen und üblen Zutaten: ihr Werben für die Wiederwahl von Nixon, ihr taubes Brüderpaar, das in der Mormonenvilla zum Sortieren der Fanpost gehalten wurde, die Mutter, eine Mischung aus Tom Parker und Edgar J. Hoover, und diese schreckliche Kombination aus Frömmigkeit und Habgier, die die übelsten Familienentertainer kennzeichnet. Obwohl die Jacksons die offiziellen Bannerträger des Sounds Of Young America waren, waren es die Osmonds, die die schalsten Erwartungen erfüllten.

Trotzdem, sie wurden entsetzlich beliebt; von Donnys Nr. 1 mit »Puppy Love« im Juni 1972 bis zur Nr. 1 der Brüder im August 1974 mit »Love Me For A Reason« konnte die Osmond-Familie sechzehn Top-Twenty-Hits in England verbuchen. Einen großen Teil ihrer Schlagkraft verdankten sie bloß ihrer Zahlenstärke: Während Michael Jackson (bis zu Jermaines fadem Verrat) als einziger genügend von dem ge-

gewissen Etwas hatte, um in den Vordergrund zu treten und zu singen, hatten die Osmonds alle Positionen besetzt – als die eigentlichen Osmonds, als Donny und Marie, und nie zu vergessen, der unsterbliche Little Jimmy.
Little Jimmy wurde jedesmal zu Weihnachten für die Novelty Hits ausgegraben, Maries Stärke war der Nepp-Country, die Osmonds zusammen brachten apokalyptischen Protestpop oder weiße Soulschluchzer (Johnny Bristol arbeitete mit ihnen und schrieb für sie »Love Me For A Reason«; ich stand ziemlich auf »I Can't Stop« und »Going Home«, obwohl ich eher meine silbernen Plateausohlenboots verbrannt hätte, als das zuzugeben), Donny und Marie suhlten sich durch (tränenreiche) Duetts, während Prima Donny *das* Teen-Idol der ersten Hälfte der Siebziger war, nur Augen, Schluchzen und Schmalz. Er konnte das Maul nicht aufmachen, ohne auf sein zartes Alter hinzuweisen, er hatte Zähne wie gutgepflegte Grabsteine und genausoviel Seele.
Nach Donny Osmond schien im Teenybop nichts Schlimmeres mehr kommen zu können, bis 1974 die Bay City Rollers an die Spitze kamen. Ich erinnere mich an einen ganzen Sommer, in dem es kein Entrinnen gab vor »Sha La La«, »Shang-A-Lang« oder »Summer-love Sensation«, vor ihrem geistlosen Herumhüpfen und -trällern, vor ihren Schottenkaros und kurzen Hosen, überall um mich herum von den Ungeheuern, die ich für meine Freunde gehalten hatte, imitiert. Ich verlor all meine Freundinnen im Bay City Rollers-Desaster von '74, es war wie eine Seuche, eine völlige Ausrottung. Sie hatten nicht einen einzigen guten Song. Sie konnten keinen einzigen attraktiven Gesichtszug zusammenkriegen. Dennoch rasteten die Mädchen ihretwegen aus – einen Nachklang davon sehe ich heute in der Anziehungskraft von Manilow und vermute, daß es da eine Erklärung geben muß, der Ruf der Mildnis vielleicht.
Wie auch immer, meine Bekannten waren alle ganz weg,

ignorierten »Red Dress«, »My Coo Ca Choo«, »Teenage Rampage«, »Always Yours« und lachten die Weisen und Senioren des siebziger Bop, die das produzierten, aus – »Er ist alt. Und fett. Und eine Schwuchtel.« Ein Schwuler! Nur wegen dem bißchen Glitter... sahen sie den Witz nicht?
Ich wünschte mir in späteren Jahren, als die *News Of The World*-Geschichten erschienen und die Spielknaben weiter versuchten, sich in Hotelbadezimmern die Pulsadern aufzuschlitzen, daß jene Bay City Rollers-Fans, die meinen Glauben an die Teenagerwelt zerstört hatten, das große Schluchzen in ihren scheußlichen Sozialwohnungen kriegen würden.
Wenn die Bay City Rollers die übelsten Teen-Idole der Siebziger waren, die Osmonds die größten und die Jacksons die talentiertesten, dann war David Cassidy das perfekteste Teen-Idol.
Solo, nicht zu jung (20, als er begann, den süßen, sechzehnjährigen Keith Partridge zu spielen), mit einer Schönheit, die nicht von Schottenmuster, Glitter oder schmachtenden Augen abhing, ein Junge mit all dem Charme der unheiligen Dreifaltigkeit der Susan-Nymphchen aus den Fünfzigern – Susan »Tuesday« Weld, Susan Strasberg und Susan Lyon, große Augen, Schwermut und wünschelrutenschlanke Körper – dessen Narbe mehr Reiz hatte als Mrs. Shirley Jones Partridges Netzstrumpfbeine oder Miss Susan Dey Partridges Fata Morgana von Gesicht.
Aber vor allem hatte er *angst*, jene wichtigste Zutat zum klassischen Teen-Idol von Ricky Nelson bis Nick Heyward. Weder protzte er, noch feierte er seine Jugend oder seinen Clan; er hatte – wie sich herausstellte – einen erstklassigen Einsames-Starlet-Hintergrund, ziemlich klassisch und tragisch. Bis zum Alter von drei Jahren lebte er bei den Eltern der Mutter in New Jersey – seine Eltern, Jack Cassidy und Evelyn Ward, rackerten sich als Tänzer ab. Als er fünf war, traf

sein Vater, jetzt eine große Nummer am Broadway, die siebzehnjährige Shirley Jones, Heldin in »Oklahoma!«. Und das war's, wie man so sagt.
Von 6 bis 10, seine Eltern nun geschieden, war er wieder bei den Großeltern, während seine Mutter ihrer Zwangstanzarbeit nachging und sein Vater für immer abtanzte. Als er zehn war, brachte ihn seine Mutter nach Kalifornien, wo sein Vater und Shirley Jones die Haxen im TV beziehungsweise in Filmen schwangen. Seine Mutter heiratete den Regisseur Elliot Goldstein, von dem sie sich gerade dann wieder scheiden ließ, als David endlich begann, ihn zu mögen. Jack Cassidy und Shirley Jones zogen zurück nach New York, in einen Palast in Irving-On-Hudson, nichts darunter. Als David berühmt geworden war, interviewte ihn sein Vater in der »Merv Griffin Show« und fragte ihn, ob – schluchz! – die Scheidung seiner Eltern ihn verletzt habe. »Das hat sie«, sagte unser Held, »weil ich meinen Vater nicht mehr so oft sehen konnte, wie ich es gern getan hätte.«
Er wuchs in Westwood, einem Vorort von Los Angeles, auf, ein gelebter Tubes Song. Seine Jugend bestand aus Scheidung, kleinem Showbiz, langweiliger Schule, Schulschwänzen und der Überweisung in ein Auffangbecken für wohlhabende Nichtsnutze. Sein Hobby war es, mit den Vorort-Dropouts herumzuhängen und Mehlbomben auf vorbeifahrende Autos zu schmeißen. Er war auf freier Fahrt nach Nirgendwo, als Krankheit und Errettung zuschlugen.
Geboren mit deformierten Augenmuskeln, die ihn schielen ließen und verlegen machten, ließ ihn eine Korrekturoperation im Alter von 12 Jahren erblinden. Er wurde unter Morphium gehalten und mit einer lachhaften Taucherbrille einen Monat lang herumgeführt, bis zur Enthüllung der AUGEN. Dann folgte ein dreimonatiger Anfall von Mononukleosis, währenddem er im Bett lag und über sich nachdachte. Anscheinend änderte er sich, obwohl seine schwache Gesund-

heit blieb – magenkrank mit 14 und bis 21 von quälenden Gallensteinen gepeinigt.
Er ging nach Redford, der Beverly Hills Schule, wo er eine schwarze Freundin hatte. Sie kam jeden Tag aus dem südlichen Los Angeles, aus der Nähe von Watts, und ihre Eltern hatten ihr ganzes Leben lang gespart, um ihr einen Platz unter dem reichen White Trash kaufen zu können. Von Süd-Los Angeles nach West-Los Angeles ist es in mehr als nur einer Hinsicht ein weiter Weg; »Sie sah phantastisch aus. Und, weißt du, sie lachte viel... und sie war schon verbittert.« Als Wahlwerberin für Bobby Kennedy nahm sie David zu ausschließlich von Schwarzen besuchten Wahlveranstaltungen mit, wo er neben K der einzige Weiße im ganzen Raum war – ein großes Ding für einen Broadwaybalg. »Ich fühlte mich ein wenig unbehaglich, aber gleichzeitig fühlte ich mich dort, wo ich war, auch wohl. Ich meine, die Tatsache, daß ich weiß war und trotzdem akzeptiert wurde, gab mir wirklich ein gutes Gefühl.« Seine Idole waren Jimi Hendrix und B. B. King.
Vier Monate wagten sie es, miteinander zu gehen – für Teenagerverhältnisse eine goldene Hochzeit. Dann wurde Martin Luther King ermordet, und David Cassidys beste Freundin machte vernünftigerweise mit einem Black-Power-Typen von Harvard weiter.
1968 machte er die Abschlußprüfung und zog zwei Wochen später nach New York, wo er in der Bekleidungsbranche jobbte, während seiner Mittagspause die Agenten nervte und nachts singen lernte. Er eignete sich rasch eine ziemliche kräftige, frische Stimme und eine Managerin, Ruth Aarons, an und fabrizierte einen schnellen Flop, »Fig Leaves Are Falling«. Aber er wurde von einem Talentsucher aus Hollywood entdeckt und zurück zur Westküste gebracht, wo Universal Gefallen an ihm fand und ihn in zahlreichen TV-Sendungen auftreten ließ, in TV-Serien mit einer festen, halbsenilen Hauptfigur und einer Menge Leerstellen, die jede Woche mit

Frischfleisch besetzt wurden; er trat in »Der Chef«, »Dr. med. Marcus Welby« und in »Bonanza« auf.
1970 sprach er für die Hauptrolle des singenden, ältesten Sohnes in dem Pilotfilm zu einer wöchentlichen Teenagerserie, »The Partridge Family«, vor, einer halbstündigen Balgerei durch das Leben der durchschnittlichen, prächtigen WASP-Popgruppe mit alleinerziehender Mutter, ultrasauber und stinkreich. Natürlich bekam er die Rolle, und eine Extradosis Pathos erhielt das Ganze dadurch, daß sein eigenes Familienleben selbst solch ein halbfertiges Puzzle war und ausgerechnet die ehekillende Naive, die an diesem Schlamassel schuld hatte, in der Fernsehserie seine tüchtige Mutter spielte.
Der Rest war Hysterie. In den vier Jahren, in denen er für die »Partridge Family« arbeitete, 26 Folgen pro Jahr, trat er in gut 350 Shows in 17 Ländern auf, machte 10 Partridge-Alben, acht Solo-LPs und 17 gemischte Singles. Er mußte in Wäschekörben in die Hotels geschmuggelt werden. Bei dem geringsten Hinweis, er könne darin sein, zerlegten Mädchen ganze Limousinen mit bloßen Händen in ihre Einzelteile.
Im Mai 1974 wurden in London 800 Fans im Gedränge lädiert, und ein Mädchen, die vierzehnjährige Bernadette Whelan, starb an Herzschlag; ein Disney-Altamont, das bis jetzt nur von dieser Vergewaltigung bei einem Kim-Wilde-Konzert übertroffen wurde. Schönheit bringt im sittsamsten Teeny die Bestie zum Vorschein.
Solch ein Erfolg ist leicht zu verhöhnen, leichter fast als ein Mißerfolg, und die zeitgenössischen Rockkritiker schmissen ihn, ohne einen zweiten Gedanken zu verschwenden, auf den Kulturmüllhaufen zu Os Don, den Bay City Whorers und Konsorten. Na ja, sie können niemals die »Partridge Family« gesehen haben, die immer schnell, schrill und spaßig und – alle Jubeljahre einmal – erschreckend stimmig für solch eine seichte Spielerei war.
Sie können niemals seine Bühnenshow gesehen haben, die

wirklich klasse war; er wurde wie von Geisterhand buchstäblich auf die Bühne geschleudert, und für benebelte Teenageraugen war es, als erschiene er aus dem Nichts. Sie können niemals seine Platten gekauft haben, die auf ihre Art perfekt waren: unverfänglicher, anbetungswürdiger Schnief-Pop.

Er machte niemals eine sorglose Platte, ob er nun Leben in eindringliche Originale wie »I Think I Love You«, »It's One Of Those Nights«, »Daydreamer« und »Could It Be Forever« hauchte oder muffige, alte Brill Building Pomadenheuler wie »Cherish«, »Walking In The Rain« und »Looking Through The Eyes Of Love« wachküßte; was familiären Hintergrund und Physiognomie angeht, war er der bisher am perfektesten durchkonzipierte *angsty* Junge. 1972 erreichte er die Spitze seiner speziellen Perfektion mit »How Can I Be Sure?«, einem Festschmaus an satten, schmackhaften Selbstzweifeln: »How can I be sure? / In a world that's constantly changing... / HOW CAN I BE SURE? / Where I stand with YOU!« Aw, wie Holden Caulfield sagen würde, ich wünschte, Du hättst da sein können – 13 sein können, mein ich.

Die Heckenschützen haben offensichtlich nie seine regelmäßigen Beiträge in »Fab 208« verschlungen, die nicht der übliche Ich-mag-schüchterne-Mädchen-mit-schönen-Händen-Croonerheiratsschwindel waren (amüsant, wie diejenigen, die sich solcher Vorlieben rühmten, Monate später als Leute entlarvt wurden, die eine Schwäche für irische Hafenarbeiter mit Tätowierungen und Schwielen haben), sondern ernsthafte, holperige Erklärungen wie »WHY DAVID IS A VEGETARIAN!« oder «DAVID ASKS: WHAT ARE WE DOING TO THE EARTH!«. Was ich zu dem Zeitpunkt, als Divine David aufhörte, für »Fab« zu schreiben, nicht über D. C. s Lieblingshund »Sheesh«, seinen irischen Setter »Bullseye«, seine liebste schwarze Langhaarkatze »Boots« oder seinen besten

Freund »Sam Hyman« wußte, war es auch nicht wert, gewußt zu werden – ich kannte sie alle besser als meine Eltern.

Er war auf eine samtige Art derb – die Weichzeichner Dirty Pictures in »Rolling Stone« (die Narbe von der Blinddarmoperation und so) die Drogenenthüllungen – in einer Zeit der Zuckermäuse. Und, wahrscheinlich das Wichtigste – er war und ist das schönste Teen-Idol aller Zeiten.

1975, als ihre Einschaltquoten sanken, wurde die »Partridge Family«, die David Cassidy vor seinem einundzwanzigsten Geburtstag seine erste Million eingebracht hatte, gnadenlos gestrichen. Der Rest seiner Zwanziger war dasselbe Patchwork persönlicher Mißerfolge wie sein Prä-Idol-Leben. Er verschwand mehr oder weniger in der Versenkung.

Shirley Jones ließ sich von seinem Vater scheiden und heiratete Marty Ingels, der von dieser Zeit sagt: »David wurde vom Erfolg aufgefressen. Er wußte nicht mehr, wer er war. Shirley weinte die ganze Zeit. Niemand, der ihn liebte, konnte an ihn herankommen.«

1976 starb sein Vater, von dem er sich zu diesem Zeitpunkt schon völlig entfremdet hatte, betrunken bei einem Brand in seinem Appartement in Los Angeles. 1977 heiratete David Cassidy die gutaussehende Schauspielerin Kay Lenz, die wie die Nr. 3 in einem Triumvirat mit Susan Dey und Mr. Cassidy selbst aussah und ein Jahr oder so auf Kosten seines Geldes und seiner Liebe lebte.

Aber schon 1978 wollte er wieder arbeiten und erlebte die Versuche, wieder vor die Kamera zu kommen, als bedrükkend: »Für die Leute, die einen ins Fernsehen oder in den Film bringen, war es ähnlich wie: ›Wer sind Sie? Auf Wiedersehen‹. Ich war der Schnee von gestern. Es tat mir ziemlich weh, mich fast dafür entschuldigen zu müssen, ein Teen-Idol gewesen zu sein.« 1981 wurde seine Ehe geschieden.

David Cassidy wäre möglicherweise spurlos untergegangen, hätte es nicht die Tiere gegeben, zu denen seine Liebe während seiner Glanzzeit manchmal ein wenig *zu* ausgeprägt schien. So wie die Dinge standen, wurden die Rennveranstaltungen, zu denen es ihn seit 1973 hingezogen hatte, die einzigen Angelpunkte in seinem Leben. Er legte sich seine eigenen roten und weißen Farben beim Rennen zu und ließ seine eigenen Pferde im Hollywood Park laufen. Und er bemerkte immer wieder eine Pferdezüchterin namens Meryl Tanz, der Typ der unglaublich gutaussehenden, rothaarigen Geschiedenen, von dem alle grünen Jungs glauben, er würde irgendwo auf sie warten.

Sie verlobten sich 1982, wurden Partner, züchteten auf einer Farm in Santa Barbara gut sechzig Vollblüter und schickten sie in Rennen.

Pferde, behauptete David Cassidy, halfen ihm, die Teen-Idol-Zeit zu überstehen. Sie halfen ihm ebenfalls aus dem Katzenjammer heraus, zu dem sein Post-Teen-Idol-Leben zu werden drohte, und gaben seiner Karriere neuen Aufschwung, indem sie den säuerlichen Geruch der Verzweiflung vertrieben, der seine spätsiebziger Versuche, ins Showbusiness zurückzugelangen, umwehte.

Letztes Jahr schließlich, im Alter von 33, spielte er am Broadway die Hauptrolle in dem erfolgreichen, obwohl miserablen Musical »Joseph And The Amazing Technicolor Dreamcoat«, nachdem er neben anderen auch Jimmy Osmond bei der Neubesetzung der Titelrolle für den vertragsbrüchigen Andy Gibb ausgestochen hatte. Er war ein voller Erfolg und überglücklich.

Mit 34 machte er seine erste LP seit 1976 und heiratete Meryl Tanz, ein weitaus besseres Schicksal, als das von Donny Osmond, den man zuletzt Sub-Standards vor Miss-Universum-Kandidatinnen in der gräßlichen Spielzeugrepublik Südkorea singen sah und der versuchte, einen englischen Promoter zu

verklagen, als eine Tournee durch England kaum die ersten Reihen gefüllt hatte.
Oder das von Jimmy Osmond, der zuletzt einen Vollidioten in »Fame« spielte (Typecasting?). Oder von Michael Jackson, zuletzt beim Erobern der Welt und beim Überschnappen gesichtet, auf gutem Weg, der reichste und auch der auffälligste neurotische Schwarze zu werden, der jemals auf Erden wandelte. So wie die Motion Picture Academy einen ›Sonder‹-Oscar an jeden alten Filmstar verleiht, der es schafft, 80 zu werden, so sollte vielleicht die Musikindustrie einen Sondergrammy an jedes Teen-Idol verleihen, das den Olymp der Jugend geistig gesund und solvent verläßt.
Das Teen-Idol ist der echteste, ehrlichste und brauchbarste Typ von Crooner, wirklich benutzt und dann zur Seite gelegt, wie eine perfekte, aber abgenudelte Popsingle. Wenn man 17 ist, sollte sich das Leben nicht in erster Linie um ein sich drehendes Stück Plastik drehen; das hieße, sein Leben im Laufstall verbringen.
Dennoch finden es die Anhänger des Gottes Pop so schwer, sich loszureißen, und erfinden neue Idole, finster blickende Idole ohne Kreischen, damit sie nicht als Schwächlinge erscheinen. Dann fühlen sie sich frei, die glücklichen Idole der Jüngeren zur Schnecke zu machen, wie wahre Söhne von Paul Johnson.
Popstars mit dem Ziel, Geld zu machen und Models anzumachen, gibt es nicht erst seit jenen seichten Thatcher-Teufelsbraten Duran Duran, die tatsächlich ja nicht Dämonen aus der Hölle sind, sondern eine attraktive, unbedeutende, kleine Popgruppe mit einem Händchen für eine Melodie; es ist ein erprobter Pfad, der beschritten wurde seit den Tagen der Beatles und der Rolling Stones, die diesen Sport besonders begeistert ausübten und sicherlich niemals von den Auguren der Rockbruderschaft als hohlköpfige Schoßhündchen angeprangert wurden. Wenn es das ist, wonach man schnüffelt,

findet man bei Duran Duran, die nur das wollen, was sie vorgeben zu wollen, viel mehr Redlichkeit als bei angeblich zornigen, besorgten und leidenden singenden Schwachköpfen. Was ist der Zornige Crooner, der Nachdenkliche Crooner doch für ein Nonsens! Als ob jemand ›erzürnt‹ sein und trotzdem in dem Beruf eines Liberace und Terry Wogan arbeiten könnte, dem Beruf, der jeden Tag in der Woche den ganzen Aufschneider fordert.

Zornige Leute gehen nicht ins Showbusiness, selbst wenn ›Zorn‹ die Geschmacksrichtung ist, die sie verkaufen; Zorn spricht nicht die Sprache des immer neuen Schreibens, Plattenaufnehmens und Verkaufens. Nörgeln tut es jedoch, und wenn man sich die Karrieren unserer hervorragendsten Zornigen Crooner ansähe, könnte man sehen, daß sie in Wirklichkeit nichts anderes als Karrieren der Nörgelei sind.

Der Unterschied zwischen Duran Duran und Elvis Costello ist der, daß Duran Duran mit Models ausgehen und Spaß dran haben, während Elvis Costello mit Models ausgeht und sich und sie anschließend dafür haßt, dann darüber scheußliche Songs schreibt, in denen er sich darüber beklagt und es – in der Sprache der Rockbruderschaft – ›respektabel‹ macht. Wenn es widerlich schmeckt, muß es gut für dich sein: was für eine Zeitverschwendung.

Der Punkt ist, und dies sollte der Rockbruderschaft helfen, mit dem Kampf gegen zartgetönte, gefönte Windmühlen aufzuhören, daß Jugendmusik immer zwischen einem männlichen (Rock-) und einem meist weiblichen (Pop-)Kostüm hin- und hergerissen war.

Jungs neigen mehr zu maskuliner amerikanischer Musik, Mädchen zu femininer englischer Musik, und die Wende in der Musik der Mädchen scheint immer um die Mitte eines Jahrzehnts einzusetzen.

So liebten die Jungs Elvis – die Mädchen die Beatles. Jungs

mochten Gitarrensoli und Heavy Metal – Mädchen die Bay City Rollers und Marc Bolan (Bruce Springsteens gewaltiger Mangel an kommerzieller Schlagkraft in England kann wahrscheinlich dem Umstand zugeschrieben werden, daß er am falschen Ende einer Dekade auf dem Musikmarkt erschien, mitten zwischen den Clans der Osmonds, Jacksons und Partridges; Springsteen ist vielleicht so maskulin und amerikanisch, wie es ein Crooner nur sein kann, vielleicht der ultimative Musiker für Jungs, und es ist interessant zu sehen, wie der gräßliche Meatloaf, eine aufgedunsene Bastardkopie des frühen Springsteen, die dicke Kohle machte, als er am *Ende* der Siebziger auftauchte). Jungs mochten Punks – aber Mädchen mögen Duran Duran, und vor etwa 1985 wird es kein Entkommen vor ihnen geben.

Moderne Crooner lieben es, gepflegt auszusehen und vor einem weiblichen Publikum zu spielen; was ist daran so anstößig? Sollen sie stinken und für die Jungs singen – sollen sie alle wie die Stranglers sein?

Eine Menge der Antipathie ist purer Sexismus und wirrköpfig; warum bloß der Anblick von Duran Duran, wie sie »Is There Something I Should Know?« singen, als geistlos und läppisch betrachtet wird, während die Ronettes mit ihren zutiefst unterwürfigen Liebesliedern als irgendwie künstlerisch wertvoll gelten, ist mir völlig unbegreiflich.

Die Rockbruderschaft kann das Zeug, aus dem Girl Groups gemacht sind, auch nicht akzeptieren, wenn es von Männern gemacht wird: Limahl mit seinen Liedern über Sich-Aufsparen (»Love Child« antesten), Wham übers Zuhausebleiben und den Eltern trotzen (siehe Shangri-Las), Nick Heyward übers Geliebt- und Verlassenwerden und das Einsamsein (Nick Heyward ist für eine Analyse ein interessanter Fall; er begann mit einem gewissen Vorschuß an Rockbruderschafts-Cred und verlor ihn, als das Kreischen anfing, wie ein heruntergerissenes Rangabzeichen – als ob sich dadurch irgendwas geändert hätte!), Paul Young, spezialisiert auf sehnsüchtiger Kalbskopf.

Mädchen in diesem Umfeld neigen dazu, tough zu sein, wie Bananarama, die Dion and the Belmonts der Achtziger, mit ihrer süßen, forschen Prahlerei und ihrer Überzeugungskraft. Während das Toppermost-of-the-Poppermost-Idol der jungen Herren, Tracie, ihnen in einer zugkräftigen Nummer erzählt, ihr würde es gefallen, TO KICK THEM REALLY HARD. ROAST THEM ON A SPIT und CUT OPEN THEIR HEARTS. Ist das tough, ja oder ja?

Das Sprachrohr dieser Generation von wirklichen Fans ist das liebenswerte *Smash Hits*, die einzige Musikzeitschrift überhaupt, die für die junge weibliche Arbeiterklasse, die die Mehrheit der musikliebenden und -konsumierenden Leute in diesem Land ausmacht, spricht, statt für eine winzige Minderheit von vergeistigten Oberschülern, die eine Menge reden, eine Menge aufnehmen und eine Menge niedermachen.

Diese Mädchen sind so tolerant, daß ihr König der Könige kein grober Klotz ist, sonder ein soulsingender Transvestit, der einen guten Teil ihrer Eltern zum Schlaganfall treibt. Beide, sie und ihr Magazin, werden beständig von der Rockbruderschaft verspottet, aber wirklich, wo ist der Witz bei der Sache? Pop ist Flitter, Luftschlange, Konfetti: Ernsthafte Gefühle sollten in ernsthafte Dinge investiert werden – ernsthaften Zorn auf Pop zu verschwenden ist hinderlich, störend und destruktiv. Man könnte fast glauben, der erste Protestsong sei eine CIA-Verschwörung gewesen.

Jede Popphase dauert so lange, wie es braucht, bis ihre Anhänger erwachsen geworden sind – es laufen zu viele Leute herum, die fürs begeisterte Kreischen zu alt und deswegen wütend sind.

Es gibt zu viele Paul Johnsons im Vereinshaus der Rockbruderschaft, die über popelige Fans, die Abfallbands anhimmeln, meckern. Warum nicht mal darauf verzichten, auf den Fingern von Duran-Duran-Fans herumzutrampeln, wenn Du das nächste Mal üble Laune hast? Warum nicht hingehen und, äh, die Welt verändern oder so was?